BREVE HISTÓRIA DAS FAVELAS

Luis Kehl

BREVE HISTÓRIA DAS FAVELAS

© *Copyright*, 2010 – Luis Augusto Bicalho Kehl

Em conformidade com a nova ortografia

Todos os direitos reservados.
Editora Claridade
Av. Dom Pedro I, 840
01552-000 São Paulo-SP
Fone/fax: (11) 2168-9961
Site: www.claridade.com.br
e-mail: claridade@claridade.com.br

Preparação de originais: Marco Haurélio
Revisões: Wilson Ryoji Imoto
Capa: Valeriano sobre foto de Paulo Roberto Zuccherato
(favela na rodovia Fernão Dias, São Paulo-SP)
Editoração eletrônica: Veridiana Magalhães

CIP-BRASIL. CATALOGAÇÃO-NA-FONTE
SINDICATO NACIONAL DOS EDITORES DE LIVROS, RJ

K35b

Kehl, Luis
   Breve história das favelas / Luis Kehl. - São Paulo :
Claridade, 2010. 112p. : il. - (Saber de tudo)

   Inclui bibliografia
   ISBN 978-85-88386-73-0

   1. Favelas - História. 2. Favelas - Brasil - História.
3. Favelas - Aspectos sociais. I. Título. II. Série.

09-0281.	CDD: 307.7609
	CDU: 316.334.56(091)
23.01.09 28.01.09	010652

SUMÁRIO

Para uma história das favelas 7
1. Canudos..9
2. As favelas pelo mundo, no nosso século......................20
3. As favelas brasileiras...31
4. Antes das favelas 59
5. Gênese de uma favela..86
Conclusão?..108
Outras leituras, outras visões......................................110
Sobre o autor..112

Para uma história das favelas

> Bichos escrotos,
> saiam dos esgotos.
> *Titãs*

Este breve estudo visa apresentar o problema das favelas no mundo sob um novo ângulo, que não o de suas condições econômicas, físicas, políticas e sanitárias, aspectos que já têm sido suficientemente estudados e contabilizados, em especial nos últimos anos. A favela que iremos buscar não é aquela que rasteja na negra miséria, nem aquela a que falta a rede de esgotos, ou a que é um ninho de cólera ou esquistossomose, nem a que é dominada pelo narcotráfico ou pelos interesses de uns e de outros.

A favela que nos interessa é aquela formada pela história das pessoas que nela vivem, pela estrutura de sua sociedade feita de relações de parentesco, amizade, confiança e origem, pela ancestralidade da presença das comadres e das lideranças, pelo modo como o casario se mistura sem ordem aparente, acompanhando os caminhos antigos que levam à fonte ou à montanha, pela maneira como os quintais se amoldam ao terreno e às necessidades de cada um, às tensões das relações sociais, ao alívio das vizinhanças.

A favela que buscamos, por debaixo do lixo, dos esgotos, das crianças doentes, é aquela que precisamente é capaz de sobreviver a tudo isto, e ainda prover formas estruturadas, dentro de seu contexto, de sustentabilidade da vida, de resistência e, acima de tudo, de felicidade pessoal e coletiva.

O que permite que a favela seja um lugar de sobrevivência para milhões de seres humanos, e não de morte pura e simples, é que ela, em última análise, está montada sobre uma lógica interna que remonta a uma condição basal de homem e de sociedade.

Por encontrar-se no último degrau dos tecidos urbanos, a favela é constantemente empurrada do presente e atirada pela encosta ao passado da cidade, quando o desenho desta ainda não era ditado pelas relações de capital e mercado. Expulsas do modelo presente, as favelas migram para um modelo de sociedade e ambiente construído pré-industrial, pré-cartesiano e, em última instância, pré-racional, quando as relações entre o homem e o seu ambiente respondiam por uma leitura taxonômica, não produtiva, da realidade.

A reintegração das favelas ao tecido da cidade formal deve respeitar esta premissa, e entender que o tipo de espaço e de relações que se produzem nestes assentamentos responde por alguns dos arquétipos mais ancestrais do homem, que datam da aurora das cidades.

Canudos

... *a urbs monstruosa, de barro, definia bem a civitas sinistra do erro. O povoado novo surgia, dentro de algumas semanas, já feito de ruínas. Nascia velho. Visto de longe, desdobrado pelos cômoros, atulhando as canhadas, cobrindo área enorme, truncado nas quebradas, revolto nos pendores – tinha o aspecto perfeito de uma cidade cujo solo houvesse sido sacudido e brutalmente dobrado por um terremoto.*

"Não se distinguiam as ruas. Substituía-as dédalo desesperador de becos estreitíssimos, mal separando o baralhamento caótico dos casebres feitos ao acaso, testadas volvidas para todos os pontos, cumeeiras orientando-se para todos os rumos, como se tudo aquilo fosse construído, febrilmente, numa noite, por uma multidão de loucos...

"Feitas de pau-a-pique e divididas em três compartimentos minúsculos, as casas eram a paródia grosseira da antiga morada romana: um vestíbulo exíguo, um atrium servindo ao mesmo tempo de cozinha, sala de jantar e recepção; e uma alcova lateral, furna escuríssima mal revelada por uma porta estreita e baixa. Cobertas de camadas espessas de vinte centímetros, de barro, sobre ramos de icó, lembravam as choupanas dos gauleses de César. Traíam a fase transitória entre a caverna primitiva e a casa.[1]

---

[1] CUNHA, Euclides da. – *Os Sertões: campanha de Canudos* – São Paulo, Imprensa Oficial do Estado, Arquivo do Estado, 2001.

Casebre típico de Canudos.

Quando Euclides da Cunha elaborou esta dramática, porém precisa, descrição do arraial de Canudos, talvez não tivesse exata consciência da profundidade de sua observação, relativa àquilo que ele chamou de "fase transitória entre a caverna primitiva e a casa". A imagem que o jovem jornalista pinta do aglomerado humano em 1901, se por um lado assemelha-se a quantas descrições pudermos colher de assentamentos subnormais pelo mundo todo em plena atualidade, por outro reproduz os padrões de implantação de alguns dos sítios arqueológicos pré-urbanos mais antigos de que se tem notícia. Algo entre a casa e a caverna.

Mas, o que significa isto? Se os desenhos e os ambientes urbanos de Canudos, Çatal Huyuk e Rocinha tanto se aproximam, como entender em que se assemelham e em que diferem estas formas de assentamento humano tão distantes entre si no tempo e no espaço? Os primeiros sinais daquilo que pode ser considerado um núcleo de características urbanas, as aldeias do Neolítico, datam de 15 mil anos atrás; então, num período de 10 mil anos, as toscas paliçadas transformaram-se, pouco a pouco, até atingirem estados que, para nós, são a origem da nossa noção de cidade: as grandes capitais imperiais do Oriente e Norte da África, *a polis* grega, Roma – para ficarmos apenas na história do Ocidente.

Mas, excetuando-se os espaços públicos que estas cidades ostentavam, formados por templos, palácios, praças, edifícios institucionais, avenidas, mercados e muralhas, o restante da malha urbana era constituído de um emaranhado de vielas, becos e pequenos largos, inteiramente tomados por edificações, tanto habitações como pequenos comércios, casas ricas ombreadas com as mais humildes, numa mistura atordoante. Este padrão irregular, inteiramente atrelado às configurações específicas dos terrenos em que se implantavam, buscando as beiras de córregos, subindo colinas e penhascos, erguendo-se sobre palafitas, foi herdado das primeiríssimas aldeias e núcleos humanos, e conservou suas características essenciais, predominando no desenho urbano até a introdução, pós-Revolução Industrial dos séculos XVIII e XIX, do conceito de rua-quadra-lote no desenho das cidades.

A cidade moderna, baseada nesta equação perfeitamente cartesiana, se nos configura como um mecanismo, composto por quantidades mensuráveis de terra, por sistemas de transporte e infraestrutura possíveis de ser dimensionados, por relações de custo-benefício comerciais que influenciam acima de tudo a utilização do solo urbano. Todo este sistema pode ser regrado e racionalizado, pode ser planejado, projetado, orçado e construído, visando fazer com que o grau de serviços e a oferta de equipamentos atinjam um patamar que se aproxime ao máximo de uma ideia de "eficiência urbanística", e que otimize a utilização dos espaços e a distribuição dos insumos e produtos. Em tese.

Pois a equação rua-quadra-lote deixa escapar uma variável importantíssima, que consiste na somatória, de um lado, da acumulação histórica dos lugares e, de outro, nos imponderáveis da alma humana e da sociedade que ela cria e transforma constantemente. Assim é que, em sua marcha na busca da concretização do paradigma que se autoimpôs nossa sociedade cartesiana, o modelo vai deixando pelas bordas um infindável número de situações de não-conformidade, efeitos colaterais da aplicação estrita desta lógica urbana reducionista, que aumentam na mesma medida em que o paradigma se distancia do realizável para identificar-se unicamente com os sonhos de consumo de uma classe de privilegiados. As favelas explodem.

Em meio ao tecido urbano, que as prefeituras tentam regular, imiscuem-se formações anômalas e imprevistas, que se insinuam ou se impõem pouco a pouco na malha, tornando-se finalmente predominantes na paisagem. Do ponto de vista do administrador, estas manchas urbanas desordenadas, que ignoram os mínimos parâmetros legais, jurídico-fundiários, urbanísticos e edilícios e multiplicam-se improvisando os meios mais inesperados – e criativos, por que não? – isto que ele tacha como "doenças urbanas", são distúrbios que se insurgem no caminho do planejamento, e que devem ser corrigidos e redirecionados, para que ocupem seu lugar na cadeia produtiva representada fisicamente pela cidade formal. Sem dúvida, esta intenção é correta, e, quando estes objetivos são atingidos, as comunidades beneficiadas se emancipam de sua condição subnormal e se tornam parte integrante e integrada à malha urbana ao seu redor. Com vantagens e desvantagens.

Infelizmente, estes casos são raros, sobretudo porque, dadas as condições impostas pelos sistemas econômicos que regem a humanidade, a distribuição de recursos não contempla aquilo que seria necessário – supondo-se que haja alguma solução fisicamente possível – para solucionar o problema e eliminar a pobreza e as ameaças à sobrevivência que se abatem sobre a maior parte das pessoas que vivem sobre o planeta. Parcela que, como veremos, cresce mais do que tudo na Terra, e cujo incremento atual, ademais, não pode mais ser dissociado das outras dificuldades que a raça humana tem experimentado nos últimos tempos, em particular aquelas relativas às crises do sistema financeiro, ao esgotamento dos insumos industriais e agrícolas e aos danos ambientais provocados pela industrialização desordenada, inclusive do campo.

As pessoas atingidas em cheio pelos séculos de "contradições do sistema" – para usarmos uma expressão cara aos anos 1970, os excluídos de toda espécie; para empregarmos o termo atual, expulsos da possibilidade de acesso aos benefícios que a má distribuição de recursos reserva para poucos – saem da história dos vencedores e migram para a dos vencidos, para suas próprias histórias de sobrevivência individual, familial, grupal, tribal. São as mesmas pessoas que, há séculos, vêm vivendo à margem da sociedade, que pelos mais diversos motivos foram constrangidas a passar suas vidas sem atingir o patamar mínimo em que estão seus supostos irmãos mais bem aquinhoados. Estas pessoas, "excluídas" da sociedade humana, não deixam, entretanto, de ser humanas; mas elas expressam sua hominidade de outra maneira.

Postas à margem dos mecanismos que definem a sociedade humana atual e o indivíduo em seu seio – os códigos comportamentais, legais, institucionais etc. –, deixadas no limite da sobrevivência direta, essas pessoas tiveram que reinventar sua condição humana basal, e apoiar-se quase que exclusivamente nela para simplesmente manter-se vivas e buscar, como todos os seus semelhantes, a felicidade. A felicidade, sempre a felicidade!

Se escrevêssemos a "História da Felicidade Humana", certamente teríamos muitas surpresas, em especial no tocante à desmistificação da associação "pobreza = infelicidade", que permeia toda a formação moral de nossa sociedade contemporânea.

Em 1847, em plena explosão da Revolução Industrial, que pela primeira vez na história produziu em massa um proletariado urbano, o inglês Charles Booth, um liberal que trabalhou nos bairros pobres de Londres e conheceu de perto a miséria que ali se concentrava, manifestava esta interpretação, rara para seu século aristocrático e liberal, do universo das famílias empobrecidas: "as crianças das classes E e D, quando pequenas, têm menos chance de sobrevivência do que os filhos dos ricos, mas eu certamente as considero mais felizes, livres da parafernália de servos, babás e governantas – desde que possuam pais decentes. Eles sofrem mais com mimos do que com a severidade, porque normalmente são o orgulho da mamãe, que sacrificará tudo para vê-los bem vestidos, e a alegria do coração do papai. É isto que faz seu lar, e a felicidade dos seus pais; mas não é só isto, como também a constante ocupação, que faz estas crianças felizes. Elas têm seu período escolar, e, quando em casa, assim que têm idade suficiente, ajudam a mamãe, e possuem inúmeros amiguinhos. Na classe E, elas têm o quarteirão todo como parquinho, e na classe D a rua é toda delas (...) Talvez eu esteja sendo exagerado na minha pouca experiência, mas não creio improvável que, de modo geral, a vida natural e simples das classes trabalhadoras possibilite mais felicidade a pais e filhos do que a existência complicada e artificial dos ricos". Apesar desta visão sem dúvida excepcional para a sua época, prudentemente, ele conclui: "Não se suponha com isto, naturalmente, que eu esteja propondo embasar qualquer argumento que seja, contra o desejo destas classes de melhorarem sua posição. Longe disto (...) a incerteza a respeito de seu destino, seja ou não sentida com ansiedade, está sempre presente como uma ameaça"[2].

Para os que estão acostumados a valorar o conforto e o acesso às benesses do progresso como referência de bem-estar e de felicidade, pode surpreender que pessoas sejam felizes – e inclusive mais felizes – em meio a dificuldades que pareceriam desanimar qualquer um, e que se adaptem "perfeitamente" às suas condições de vida e à economia de recursos e de energia que são obrigadas a superar a cada dia. E espanta mais o fato de que muitas destas pessoas não querem mudar

---

[2] BOOTH, Charles. *Life and Labour of the People in London*, vol. 1 (London: Macmillan, 1902) pp. 159-160.

de vida, e desdenham das novas condições que lhes são oferecidas, afirmando seu destino recusando a inclusão na sociedade hegemônica.

Talvez porque, se o que nos sobeja lhes falta, falta-nos aquilo que eles têm de sobra: ou seja, liberdade. Liberdade em relação às normas cons-

Crianças brincando em Gorbals, Glasgow.
(Foto: Roger Mayne)

tritoras dessa sociedade, à sua competitividade e falta de tempo, autonomia a respeito das convenções e dos padrões. Liberdade em relação à propriedade da terra. A contrapartida desta liberdade é a insegurança sobre a posse da terra e a dificuldade de acesso aos bens que a sociedade "domesticada" construiu com sua resignação à norma e que ela reluta em entregar aos "selvagens". O que, aliás, muitas vezes parece não incomodá-los tanto quanto a nós.

Deve-se ter em mente para a compreensão da felicidade dos despossuídos é que aquilo que não é sonhado não se apresenta como problema para o homem; e este é livre para escolher seus sonhos e, consequentemente, problemas. Se compreendermos isto, retiraremos o juízo de valores do entendimento da questão. Poderemos então encarar o que chamamos de assentamentos subnormais como aquilo que eles verdadeiramente são, na sua essência humana: a expressão física de uma estratégia social e ancestral de sustentabilidade dentro da adversidade, uma manifestação do instinto basal e legítimo de resistência e sobrevivência.

Neste sentido, a favela, se não nos atermos às questões ligadas à precariedade, é, enquanto organização urbana, tão antiga quanto o mundo; a cidade é a grande novidade da história da civilização.

A favela é, por assim dizer, a forma natural de organização dos homens numa sociedade ditada pela escassez – ou, para usarmos uma expressão que parece mais correta, uma sociedade ditada pela afluência, no sentido que a moderna antropologia emprega este termo, ou seja, como a capacidade que uma sociedade tem de prover o necessário para a satisfação de desejos e necessidades com facilidade – com afluência. A riqueza não é um valor intrínseco, ela é, acima de tudo, algo colocado como termo de comparação; e, mais uma vez, o que não é sonhado não se apresenta como valor – nem positivo, nem negativo.

As experiências com a construção de conjuntos habitacionais para remoção de favelas e outros assentamentos informais e subnormais mostram que o atendimento a padrões de higiene, níveis de serviço, equipamentos e espaços públicos, além do acabamento e da segurança estrutural das habitações, embora reconhecidos pelas pessoas como uma melhoria em seu padrão de vida, não é suficiente para atender aos anseios mais profundos das populações servidas, que, na verdade, aspiram a outra coisa, que muitas vezes não são capazes de expressar. Esta coisa é a liberdade perdida quando a pessoa se torna "incluída", e dela passam a ser cobradas uma nova postura e responsabilidades diante da sociedade e de sua cidade "formal".

Podemos estar diante de um comportamento quase atávico, pois o padrão de comportamento urbano, que hoje é o opróbrio dos excluídos, responde por 95% dos quase 20 mil anos de assentamentos humanos, nas aldeias primitivas e nas cidades, até o advento da Idade Moderna. Assim é que, se colocarmos lado a lado as implantações de Ur, na Babilônia, datada de 3700 a.C., e da favela Nossa Senhora Aparecida na Zona Leste da São Paulo atual, poderemos observar uma semelhança de padrão, tanto no que diz respeito ao adensamento quanto em relação à irregularidade dos traçados, à exiguidade das habitações, à mistura de atividades. A mesma comparação é possível, não apenas com outras condições de moradia subnormal da atualidade, mas também com inúmeras formas de traçado urbano pré-cartesianas, como as que nos apresentam as civilizações islâmicas, africanas, hindus e extremo-orientais, e, no caso ocidental, aquelas anteriores às revoluções urbanas trazidas pelo capitalismo e pela industrialização, a partir do século XVI.

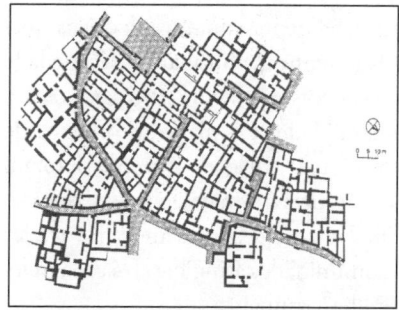

Ur, Babilônia, 3700 a.C.

Favela Nossa Senhora Aparecida, Brasil, 2008.

Acima de tudo, a comparação vale para o tipo de relações interpessoais que se estabelecem no seio dessas comunidades informais, relações que tendem aos comportamentos arquetipais do ser humano, despojados dos acréscimos muitas vezes desnecessários da civilização. Pois, mais do que por suas condições sanitárias, as favelas podem ser definidas por suas formas – arcaicas – de relações internas: de parentesco, de amizade, de confiança, códigos não escritos que as aproximam mais ainda do início da História, e ainda mais na medida em que, como então, nas favelas não existe o conceito de propriedade sobre a terra.

As favelas, vistas não sob a perspectiva de sua miséria física, mas do ponto de vista da riqueza humana, representam verdadeiros "fósseis vivos" da hominidade mais autêntica. Eliminar a precariedade desses assentamentos não deveria necessariamente extirpar o *modus vivendi* que sustenta sua ancestralidade. Os planos e projetos de intervenção em favelas, do tipo "rua-casa-lote", que não levaram em consideração esta premissa não fizeram mais do que deslocar o problema da precariedade de um lado para outro, sem nunca acertar na sustentabilidade social das comunidades atingidas, baseada milenarmente no tripé família-moradia-vizinhança.

•••

Assim, quando no dia 26 de janeiro de 1893 o governo do Rio de Janeiro decidiu-se pela demolição do famoso cortiço Cabeça-de-Porco, que, segundo diferentes avaliações, abrigava entre 400 e 2 mil pessoas, e seus antigos moradores viram-se atirados à rua, estes não tiveram alternativa senão buscar refúgio nos morros próximos. Ali, nas terras que o Estado descuidava, entregues à própria sorte, criaram para si, e para todos os que chegassem, sua cidade particular, onde a lei não alcançava, a norma não existia e a regra era não-ser.

Os soldados que retornavam da Campanha de Canudos em 1894, desmobilizados, por sua vez, recebiam na mesma época, à guisa de compensação, autorizações para se instalar no Morro da Providência, próximo ao centro da cidade; para ali se mudaram, centenas, depois milhares, cada qual com sua casinha, sua vidinha, suas coisinhas – mas todos pessoas profundamente reais em seus dramas particulares, e que, anonimamente, reconstruíram sem querer, com sua miséria, um paradigma ancestral de moradia humana. Também no mesmo ano, os que haviam participado da repressão à Revolta da Armada puderam assentar-se no Morro de Santo Antônio.

Longe das luzes da cidade, estas pessoas passaram a levar, por anos a fio, uma existência semirural, que a sociedade progressista da época parte fingia ignorar, parte via como meramente parasitária. Certamente, a indolência de que eram acusadas estas pessoas pode ser em parte creditada às doenças advindas das condições de salubridade em que viviam; mas outra parte, que críticos de todas as épocas insistiram sempre em atribuir preconceituosamente a questões raciais, talvez possa ser o reflexo dessa ancestralidade que se impôs a elas na forma de uma condição de vida que não tiveram opção de escolher.

Assim, com histórias parecidas ou dessemelhantes, abrigando por toda a parte os excluídos, no Rio de Janeiro como em todo o mundo, as favelas cresceram e se multiplicaram, malgrado todos os esforços feitos para extirpá-las, até atingirem tal visibilidade, nos últimos anos e no último quartel do século XX, que é preciso hoje refletir sobre as sucessivas tentativas de eliminação, e debruçar-se sobre elas, objetivando vê-las não como parte do problema, mas como integrante de uma solução habitacional global para o momento que vive o planeta.

Somente entendendo a herança que transportam por seus becos e vielas, que guardam em quintais e barracos, que conservam ainda nas rodas de conversas, nas formas de entendimento do próprio espaço e do não-tempo em que se inserem, seremos capazes de interagir com essas comunidades, não para incluí-las em nosso próprio paradigma, mas para retirar as barreiras que lhes são impostas pela precariedade e pela escassez absoluta, e que nos impedem de vê-las tais como são.

As favelas pelo mundo, no nosso século

Favelas ou *slums*?

O termo inglês utilizado para designar "favelas" é *slum*. Mas, enquanto favela significa, para nós brasileiros, um tipo de assentamento humano extremamente específico, a palavra inglesa parece ter alcance mais genérico, e pode cobrir uma ampla gama de situações, bastante heterogêneas entre si.

De acordo com o pesquisador Mike Davis[3], a primeira definição de "*slum*" foi publicada no *Vocabulary of the Flash Language* (Vocabulário da Linguagem Vulgar) de James Hardy Vaux, de 1812, no qual figura como sinônimo de *racket*, "estelionato ou comércio criminoso". Com o uso, a palavra passou a designar o lugar onde acontecia o "ato criminoso" e, por extensão, já em meados do século XIX, identificavam-se *slums* na França, América e Índia, como os famosos Whitechapel, La Chapelle, Gorbals, Liberties, Pig Alley, Mulberry End, os *fondaci* (Nápoles), Khitrov (Moscou), Colootollah (Calcutá).

Assim, a presença, na paisagem das cidades, de um tipo de moradia e urbanização especificamente proletárias, remonta a mais de 200 anos, não por acaso coincidindo com os primeiros

---

[3] DAVIS, Mike. *Planeta Favela*. São Paulo: Boitempo, 2006.

anos de desenvolvimento da Revolução Industrial. Não por acaso também, esta "descoberta" acontece na Inglaterra, berço e modelo do tipo de industrialização que conhecemos ainda hoje, com – em maior ou menor grau e algumas variações – os mesmos vícios e virtudes.

Enquanto as fábricas se reproduziam febril e desordenadamente em busca de mais mercados e maiores lucros, nos bairros operários de Londres os trabalhadores apertavam-se em pequenas casas de aluguel amontoadas por ruas e becos sem nenhuma infraestrutura, numa combinação perversa de condições de insalubridade e vulnerabilidade social.

Charles Booth caracterizava os *slums* como "uma amálgama de habitações dilapidadas, excesso de população, doença, pobreza e vício", o que de fato eram, embora quase nunca por responsabilidade exclusiva dos seus moradores.

Para os liberais do século XIX, a dimensão moral era decisiva, e a favela era vista, acima de tudo, como um lugar onde o "resíduo" social incorrigível e feroz apodrecia num esplendor imoral e turbulento; nos Estados Unidos, o reverendo Edwin Chapin (1818-1880) chama os habitantes dos *slums* de selvagens, não em florestas soturnas, mas sob a força das lâmpadas de gás e os olhos dos guardas; com os mesmos gritos de guerra e clavas, e trajes tão fantásticos e almas tão violentas quanto quaisquer de seus parentes e antípodas[4].

Ainda buscando uma definição para *slum*, Davis cita o que ele chama de primeira pesquisa "científica" (*sic*) sobre a vida nos cortiços norte-americanos realizada pelo Departamento do Trabalho dos Estados Unidos, na qual define-se *slum* como "uma área de becos e ruelas sujas, principalmente quando habitada por uma população miserável e

---

[4] CHAPIN, Edwin. *Humanity in the City*. New York, 1854. Citado por Mike Davis, *op. cit.*

Slum em Nova York, século XIX.

criminosa"[5]. Podemos ver neste ponto de vista ainda o viés puritano, que só irá se descolar das definições de favelas muito tempo depois.

Em contraposição, Davis menciona também o recente relatório das Nações Unidas, *O desafio das favelas*, que caracteriza a favela pelo excesso de população, habitações pobres ou informais, acesso inadequado à água potável e condições sanitárias e insegurança na posse da moradia[6], definição que foge da condenação moral, mas é restrita às características físicas e legais dos assentamentos, evitando as dimensões sociais que, segundo o autor, "são mais difíceis de medir mas que correspondem, na maior parte das vezes, à marginalidade econômica e social". Podemos acrescentar, de nossa parte, o caráter ancestral que essas dimensões adquirem, pelas razões que estudaremos aqui.

---

[5] *"The slums of cities, according to the dictionaries, are dirty back streets, specially such streets as are inhabited by a squalid and criminal population; they are low and dangerous neighborhhods"* (Wright, Carrol – *The Slums of Baltimore, Chicago, New York and Philadelphia* – Seventh Special Report of the Commissioner of Labor – Washington, 1894), citado por Davis, Mike, *op. cit.*).

[6] *"The conclusion is that slums are a multidimensional concept involving aspects of poor housing, overcrowding, lack of services and insecure tenure, and that indicators relating to these can be combined in different ways to give thresholds that provide estimates of numbers of slum dwellers."* (UN Human Settlements Programme – *The Challenge of Slums* – Global Report on Human Settlements 2003.)

Breve história das favelas

Slums, favelas, *barrios*, *shanty towns*, *villas-miseria*, *musseques*, ou que nome tenham, existem no mundo inteiro, e cresceram como nunca a partir do século XIX com a expansão do colonialismo europeu e depois norte-americano, e de modo exponencial e descontrolado a partir da segunda metade do século XX, pelas mais diversas razões, mas seguindo sempre o mesmo roteiro de concentração de renda de um lado e abandono e desigualdade social de outro. Neste nosso estudo, tentaremos puxar o fio desta meada, buscando definir, entender e situar, no tempo e no espaço, este fenômeno – a favela – que parece ter vindo para ficar.

As proporções do problema

A definição de "favela" adotada pela ONU, citada anteriormente por Mike Davis, de cujo livro *Planeta Favela* extraímos os dados essenciais deste capítulo, permite estimar que existam atualmente mais de 1 bilhão de pessoas vivendo em favelas; a partir de 1970, as políticas econômicas ditadas pelo capitalismo neoliberal multiplicaram as favelas do mundo: os favelados são 6% da população urbana dos países desenvolvidos, mas chegam a 78,2% nas nações menos desenvolvidas, ou seja, um terço da população urbana mundial.

O crescimento urbano nos países em desenvolvimento atinge a cifra de 1 milhão de pessoas por semana. Dados da ONU informam que existem atualmente 39 cidades com mais de 5 milhões de habitantes e 16 megalópoles abrigam mais de 10 milhões. Em 2030, cerca de 3 bilhões de pessoas, ou 40% da população mundial, necessitarão de moradias e serviços de infraestrutura. Isso significa que terão de ser construídas mais de 90 mil casas por dia, ou 4 mil por hora. Até 2050 a situação tende a se agravar: a população mundial, hoje pouco superior a 6 bilhões de habitantes, deverá atingir 10 bilhões, com 90% dos nascimentos registrados em países pobres ou em desenvolvimento.

Porto Príncipe, Haiti.

Existem hoje no mundo pelo menos 200 mil favelas, com populações que variam de poucas pessoas a mais de 1 milhão de habitantes; Karachi (no Paquistão), Bombaim, Delhi e Calcutá (na Índia) e Daca (em Bangladesh) contêm cerca de 15 mil favelas, com uma população total acima de 20 milhões. A maioria das megafavelas surgiu após a década de 1960, devido a uma série de fatores, que vão desde grandes canteiros de obra abandonados – Manshiet Nast, no Cairo (Egito), ou Bairros-Cota, em Cubatão (São Paulo), levas de populações refugiadas (Orangi-Baldia, em Karachi), campos de refugiados palestinos deslocados pela criação do Estado de Israel, programas de governo mal conduzidos (Villa El Salvador, Lima, Peru), guerras civis (Angola, Colômbia), além de causas locais ligadas aos processos econômicos e sociais de cada país. Na Partilha da Índia (1948), por exemplo, as repercussões político-religiosas e os conflitos que se seguiram levaram milhões de pessoas para as favelas: Bombaim, Delhi, Calcutá, Karachi, Lahore (Paquistão) e Daca.

Breve história das favelas

Os despojos do sistema colonial, que vigorou até o último quarto do século XX, também produziram ambientes urbanos, sociais e econômicos propícios à favelização das cidades. Assim é que o colonialismo europeu, e especialmente o britânico na África, negava à população nativa o direito à propriedade e residência permanente nas cidades; até 1954, os africanos eram considerados apenas ocupantes temporários de Nairobi, no Quênia, e de suas zonas raciais e não podiam alugar nem arrendar propriedades. A recusa quase universal de oferecer infra-estrutura e condições sanitárias aos "bairros nativos", que chegou até a década de 1950, mais do que a avareza dos colonizadores europeus, simbolizava a falta de direito à cidade dos nativos. Ao abandonarem suas colônias, os europeus deixaram como legado estes "bairros-nativos" inteiramente desaparelhados, enquanto as regiões nobres das cidades eram rapidamente apropriadas pelas novas elites locais.

Luanda , Angola.

Kabul, Afeganistão.

Os maiores percentuais de favelização das populações urbanas estão no Chade e na Etiópia (99,4%), Afeganistão (98,5%) e no Nepal (92%). As cidades com maior número de favelados estão todas em países do Terceiro Mundo, pobres ou em desenvolvimento, como Bombaim (10 a 12 milhões), Cidade do México e Daca (9 a 10 milhões), Lagos (Nigéria), Cairo, Karachi, Kinshasa (Congo), São Paulo, Kangai e Delhi (6 a 8 milhões). A decrepitude urbana cresce na medida da desigualdade econômica e do desinvestimento municipal.

Mas o problema da pobreza e da moradia não se restringe às favelas. Existem bairros inteiramente compostos de cortiços, como na Índia colonial, os *chawls* em Bombaim (75% do estoque formal de moradias da cidade), os *callejones* de Lima; até a explosão das favelas periféricas em São Paulo na década de 1980, os pobres habitavam cortiços no centro da cidade, nos bairros do Brás, Bom Retiro, Mooca e Bela Vista, metade deles construída para este fim, metade casarões antigos herdados da burguesia urbana.

Breve história das favelas

Favela Mexico 70, Santos, Brasil.

Existem também os sem-teto, que simplesmente moram na rua, mesmo nos países mais desenvolvidos, como é o caso de Los Angeles, nos EUA, onde estão cadastradas 100 mil pessoas nesta condição; naturalmente, este número é pequeno, se compararmos com 1 milhão de sem-teto que vive em Bombaim, na Índia.

O problema amplia-se com os loteamentos clandestinos, irregulares, que estendem a periferia a distâncias enormes: a área construída de Cartum, no Sudão, por exemplo, cresceu 48 vezes entre 1955 e 1988. Nestes casos, os moradores possuem pelo menos alguma forma de título de propriedade, de fato ou de direito; são chamados de "loteamentos comerciais abaixo do padrão"[7] caracterizados por plantas planejadas, baixo nível de serviços, localização suburbana, segurança da posse, falta de obediência aos planos de desenvolvimento urbano e residência autoconstruída. São típicos de algumas periferias, como Cidade do México, Bogotá (Colômbia), São Paulo, Cairo, Tunis (Tunísia), Harare

---

[7] BARRÓS, Paul e LIINDEN, Jan Van der. *Transformation of Land Supply Systems in* ALDESHOT, Gower. *Third World Cities*, 1990.

(Zimbábue), Nairobi, Istambul (Turquia), Karachi, Manila (Filipinas) e muitas outras, chegando a Lisboa (Portugal), Nápoles (Itália), El Paso e Palm Springs (nos Estados Unidos).

A apropriação da terra pode se dar por grandes invasões, mas o padrão normal é a infiltração em pequena escala e sem confrontos em terrenos marginais ou intersticiais, que não têm valor; normalmente, a terra invadida pertence ao Estado; há casos em que políticos, líderes poderosos ou quadrilhas "garantem" a posse dos terrenos. As grandes favelas periféricas, em especial na África, costumam ser complexas colchas de retalho de relações de parentesco, sistemas de posse da terra e relações de locação.

É comum também que as favelas abriguem verdadeiros sistemas de produção, explorados por empresários inescrupulosos, como as

Jacarta, Indonésia.

pequenas fábricas de vestuário de Pequim (China); outras ainda coexistem com depósitos de lixo, como em Quarantina (Beirute), Hillat Kusha (Cartum), Santa Cruz Meyehualco (Cidade do México). Na fronteira entre o México e os Estados Unidos existem, de ambos os lados, aglomerados que se especializaram em viver das oportunidades que sua posição limítrofe lhes concede: são as chamadas *colonias*. Em 2007, o Texas contabilizava algo como 400 mil pessoas vivendo em *colonias* ao longo da fronteira, seguido pelo Novo México, Arizona e Califórnia. Fundadas normalmente em áreas rurais, são definidas pelo *U. S. Department of Housing and Urban Development* como comunidades ocupando uma faixa de 240 km de cada lado da linha divisória internacional, com uma população muito pobre e carente de infraestrutura. Em contraste com outros tipos de assentamento, no entanto, os moradores das *colonias* muitas vezes são proprietários legítimos dos seus imóveis e lotes.

Finalmente, as favelas abrigam ainda, na atualidade, formas de organização próprias e de tentativas de se criar uma consciência e uma identidade que se contraponham aos modos que a sociedade "exterior" tenta lhes impor. Na África do Sul, por exemplo, o movimento *Abahlali base Mjondolo* tem como divisa: "Se você vive na favela, você é da favela". Ele surgiu em 2005 a partir dos protestos de moradores na favela Kennedy Road perto de Durban, e hoje congrega cerca de 40 comunidades em toda a província de KwaZulu-Natal e em Cidade do Cabo. No Brasil, são conhecidos os movimentos pela emancipação das favelas como organismos com direito à existência mesclado ao tecido social, que não devem ser confundidos com os movimentos pelo direito à moradia em geral, que têm amplitude muito maior. Esta busca pela identidade manifesta-se em coisas como as rádios locais, os grupos de *rap* e *hip-hop*, as comunidades de base. Em Belo Horizonte, a socióloga Regina Helena Alves da Silva registra a Rádio Favela, que desde 1981 opera no Aglomerado da Serra, e que resume esta posição de valorizar a lógica interna do morro: "A gente fala o favelês. É favelado falando pra favelado, não é aquela coisa autoritária: *é o fulano que vai falar*, não *é* os caras do asfalto"[8].

Regina Helena desenvolve esta posição:

para os integrantes da Rádio Favela é fundamental uma revolução que às vezes é definida como a luta pelos direitos sociais e às vezes como uma revolta da comunidade contra aqueles que os mantêm na situação de exclusão: 'Toda revolução começa com um livro e termina com um fuzil na mão / Precisamos de você, um mano / um revolucionário, / negros de periferia, / querendo um bem comum'. Apontam o movimento hip-hop *como o início da união, em todo o mundo, 'daqueles que foram excluídos dos direitos fundamentais do homem'. Se apresentam como uma 'comunidade que está se unindo e ameaça aqueles que detêm o poder'. Várias vezes, durante a programação, aparecem falas como: 'para a burguesia o pesadelo chegou'. A luta pela cidadania é sempre apresentada como sendo fundamental para que os habitantes da favela tenham direitos como os da cidade: 'a cidadania parece estar perdida entre nós'. Para a Rádio não se trata de transformar a favela em cidade, mas de, mantendo a comunidade/favela unida, garantir os direitos a uma condição de vida mais digna*[9].

Luanda, Angola – condomínio de luxo cercado por **musseques**.

---

[8] SILVA, Regina Helena Alves da. *A voz da periferia* – Depto. de História da UFMG, 2000.
[9] Idem.

As favelas brasileiras

O início: os cortiços da Capital Federal

No Brasil, discute-se se a "favela", tal como surgiu no Rio de Janeiro no final do século XIX, é uma construção original em si, ou se é originária, filha direta dos cortiços. A arquiteta Lilian Vaz sustenta que, por essa época, vários morros da cidade apresentavam pequenas ocupações por barracos, que ela denomina "formas embrionárias de favelas", mas que não se configuravam ainda como tais, por lhes faltar "a conotação de adensamento, ilegalidade, insalubridade, desordem, autoconstrução e falta de serviços e infraestrutura urbana"[10]. Lilian considera que as favelas nasceram do combate aos cortiços, movido pela Prefeitura, e mais precisamente com a demolição do maior de todos à época, o "Cabeça-de-Porco".

Ora, segundo o item "Habitações populares" do *Relatório apresentado ao Exmo. Sr. Dr. J. J. Seabra, Ministro da Justiça e Negócios Interiores* (Rio de Janeiro, 1906)[11], apresentado por Everardo Backheuser,

---

[10] VAZ, Lilian Fessler. *Modernidade e moradia:* habitação coletiva no Rio de Janeiro nos séculos XIX e XX. Rio de Janeiro; 7 Letras / Faperj.

[11] VALLADARES, Lícia do Prado. *A invenção da favela: do mito de origem à favela.com.* Rio de Janeiro: Editora FGV, 2005.

os cortiços à época eram definidos como construções proibidas pela Prefeitura, consistindo geralmente em "pequenos quartos de madeira ou construção ligeira", edificados nos fundos de prédios ou às vezes "uns sobre os outros", com dificuldades de acesso, sem cozinha, com banheiro ("aparelho sanitário") e lavanderia comuns. Da mesma forma, consideravam-se cortiços os prédios antigos, que eram subdivididos internamente com tapumes de madeira que tomavam todos os cômodos, "habitados geralmente por indivíduos de classe pobre".

De lá para cá, os cortiços foram definidos de várias maneiras, sempre com ênfase à sua precariedade. Atualmente "cortiço", que também é denominado como Habitação Coletiva Precária de Aluguel", HCPA, é considerado *uma unidade utilizada como moradia coletiva multifamiliar, apresentando, total ou parcialmente, as características de: ser constituída por uma ou mais edificações construídas em lote urbano, com ocupação excessiva; ser subdividida em vários cômodos conjugados alugados, subalocados ou cedidos a qualquer título, sem proteção da legislação vigente que regula as relações entre proprietários e inquilinos; ter várias funções exercidas no mesmo cômodo; ter acesso e uso comum dos espaços não edificados, de instalações sanitárias (banheiros, cozinhas e tanques) e de instalações elétricas; ter circulação e infraestrutura precárias; e apresentar superlotação de pessoas em geral*[12].

A partir dessas definições, um cortiço, portanto, não é uma favela, como bem observou Lilian Vaz, e não apenas pelas razões apresentadas, mas, principalmente, pelo fato de que um cortiço tem um proprietário que explora ali os aluguéis, enquanto na favela, pelo menos a princípio (ou em princípio), a terra não é propriedade de nenhum dos moradores[13], sendo esta, aliás, sua característica mais

---

[12] Censo de Cortiços, sempla – 1992.
[13] Segundo o historiador Rafael Soares Gonçalves, esta precariedade jurídica, não apenas urbanística, mas acima de tudo fundiária, acompanhou o desenvolvimento das favelas, em particular a partir das disposições impostas pelo Código de Obras de 1937, cujo artigo 349, primeiro texto jurídico a empregar o termo "favela", *consolidou a*

Breve história das favelas

marcante, e da qual decorrem quase todas as outras. O próprio cortiço Cabeça-de-Porco, cuja demolição em 1893 teria originado a favela do Morro da Providência, embora fosse menos uma edificação do que um aglomerado de barracos, sobrados, puxados e outras edificações precárias, onde viviam, de acordo com algumas versões, mais de 4 mil pessoas misturando trabalho e moradia, era uma propriedade particular.

Ocorre que os cortiços são modos de moradia muito antigos, cujas características são conhecidas há tempos, estando inclusive presentes e definidos em várias legislações, como as leis que tratavam dos *ghettos* nos países da Europa desde o século XVI. No Brasil, a existência de cortiços é atestada desde o século XVII, e, com as sucessivas leis que beneficiavam, mas não amparavam, os escravos na segunda metade do século XIX, seu crescimento foi vertiginoso, até que, próximo à virada do século, os cortiços haviam se transformado num grave problema. Não tanto de cunho social, pois a interpretação que a sociedade da época fazia da existência de cortiços girava mais em torno das questões higiênicas e policiais, com grande carga de avaliações morais sobre os moradores.

A obra de Aluísio de Azevedo intitulada *O cortiço*, de 1890, serviu para criar uma imagem bastante dramática do ponto a que tinham chegado estas instituições, e do modo como a sociedade carioca as via:

---

associação sistemática entre favelas e ilegalidade, influenciando, profundamente, as políticas urbanas em relação a estas durante décadas. (...) mais do que condenar expressamente as favelas, este decreto estabeleceu um modus vivendi: *as favelas estavam condenadas a ser uma realidade provisória e só existiriam graças à tolerância dos poderes públicos. O referido decreto aprofundou a dualidade favela versus cidade, impossibilitando, sistematicamente, o investimento público nestes espaços, já que eles não existiam oficialmente.*
GONÇALVES, Rafael Soares – *A construção jurídica das favelas do Rio de Janeiro: das origens ao Código de obras de 1937* - In: OS URBANITAS - Revista de Antropologia Urbana Ano 4, vol. 4, n. 5 – Disponível via WWW no URL nomedoarquivo. html. Internet, 2007. Capturado em 16/07/08.

Cortiços no Rio de Janeiro – Final do século XIX.

como se todo o seu ideal fosse conservar inalterável para sempre o verdadeiro tipo de estalagem fluminense, a legítima, a legendária; aquela em que há um samba e um rolo por noite; aquela em que se matam homens sem a polícia descobrir os assassinos; viveiro de larvas sensuais em que irmãos dormem misturados com irmãs na mesma lama; paraíso de vermes; brejo de lodo quente e fumegante, donde brota a vida brutalmente, como de uma podridão[14].

O tom é de franca reprovação, natural em uma cidade que se pretendia europeia; mas, a par disto, Aluísio de Azevedo fornece uma descrição bastante precisa do cotidiano de um cortiço:

Eram cinco horas da manhã e o cortiço acordava, abrindo, não os olhos, mas a sua infinidade de portas e janelas alinhadas. (...) Daí a pouco, em volta das bicas era um zunzum crescente; uma aglomeração ruinosa

---

[14] AZEVEDO, Aluísio de. *O cortiço*. São Paulo: Biblioteca Zero Hora, 1998. 171 p. (Coleção ZH) (1ª edição: 1890). Citado em Santos, Daniela Soares, *O Cortiço: Higienização de Casas e Formação de Almas*. História e Perspectivas, Uberlândia, 2006.

Breve história das favelas

de machos e fêmeas. (...) O chão inundava-se. As mulheres precisavam já prender as saias entre as coxas para não molhar (...). As portas das latrinas não descansavam, era um abrir e fechar de cada instante, um entrar e sair sem tréguas. Não demoravam lá dentro e vinham ainda amarrando as calças ou saias; as crianças não se davam ao trabalho de

Cortiços no Rio de Janeiro – Final do século XIX.

lá ir, despachavam-se ali mesmo, no capinzal dos fundos, por detrás da estalagem ou no recanto das hortas. (...) O padeiro entrou na estalagem, com a sua grande cesta à cabeça e o seu banco de pau fechado debaixo do braço, e foi estacionar em meio ao pátio, à espera dos fregueses, pousando a canastra sobre o cavalete que ele armou prontamente. Em breve estava cercado por uma nuvem de gente. (...) Uma vaca, seguida por um bezerro amordaçado, ia, tilintando tristemente o seu chocalho, de porta em porta, guiada por um homem carregado de vasilhame de folha. (...). E, durante muito tempo, fez-se um vaivém de mercadores. Apareceram os tabuleiros de carne fresca e outros de tripas e fatos de boi; só não vinham hortaliças, porque havia muitas hortas no cortiço[15].

O poder destas imagens como definidoras dos cortiços pode ser avaliado na descrição que o engenheiro Backheuser fornece, num texto que deveria ser técnico:

são ligeiras construções de madeira que o tempo consolidou pelos concertos clandestinos, atravancadas nos fundos de prédios, tendo um segundo pa-

---

[15] Idem.

vimento acaçapado como o primeiro e ao qual se ascende dificilmente por escadas íngremes, circundado também por varandinhas de gosto esquisito e contextura ruinosa.

Isto que aí fica resumido é o cortiço, cujo interior a pena naturalista de Aluísio Azevedo deixou para sempre gravada com seu majestoso traço pictural[16].

Mas o escritor também não teria deixado de reconhecer que, se nessa época os cortiços apresentavam-se como uma verdadeira calamidade sanitária, gente bem graúda faturava à sua custa:

> *agora na mesma rua germinava outro cortiço ali perto, o "Cabeça de gato". Figurava como seu dono um português que também tinha venda, mas o legítimo proprietário era um abastado conselheiro, homem de gravata lavada, a quem não convinha, por decoro social, aparecer em semelhante gênero de especulação*[17].

As primeiras favelas cariocas

Ao contrário dos cortiços, o surgimento e o crescimento das favelas tomaram a sociedade do final do século XIX e dos três primeiros quartos do século XX, totalmente de surpresa: inicialmente, sua existência foi apenas constatada e tolerada, sem que o governo ou a sociedade civil se preocupassem em conhecer e definir a nova forma de morar que os despossuídos estavam inaugurando no panorama das cidades brasileiras.

As primeiras descrições são quase pura literatura, carregando nas tintas da moralidade. Desta forma, para que um dia se chegasse a uma definição técnica e isenta do fenômeno "favela", foram necessárias a soma e a decantação, ao longo de anos, de inúmeras "visões" da questão, tendo sido as primeiras – de natureza higienista e policialesca – surgidas poucos anos depois do aparecimento dos primeiros núcleos nos morros do Rio de Janeiro.

---

[16] SANTOS, Daniela Soares, *op. cit.*
[17] Ibidem.

Breve história das favelas

No seu início as favelas cariocas colocaram-se, em contraposição ao cortiço, como solução para a moradia dos pobres. De fato, dada a insalubridade daquelas edificações urbanas, o ambiente ainda relativamente rural dos morros não apresentava, a princípio, aspectos que pudessem preocupar. Atesta-o uma representação feita pelo comandante do 7º Batalhão de Infantaria, datado de 14 de fevereiro de 1898, rechaçando a intenção da Prefeitura Municipal de demolir os barracos existentes no morro de Santo Antônio:

tenho a informar-vos que efetivamente existem alguns casebres de madeira construídos por praças deste batalhão que declaram ter para isso obtido licença do falecido Coronel Antonio Moreira César e outros antecessores. Esses casebres, porém, conquanto desprovidos de esgotos conservam-se em tal estado de asseio que me parece não causar perigo à saúde pública nem à vida de seus moradores. Atento ao grande número de praças casados neste batalhão e a deficiência de casas nas proximidades deste quartel em condições de serem por elas habitadas, pois que todas são de elevados preços e ainda à conveniência ao serviço e à disciplina, me parece, podem ser tolerados os ditos casebres e nesse sentido peço a vossa intervenção, certo de que além de poupado grande sacrifício pecuniário às praças que os ocupam, evitareis prejuízos à saúde dos mesmos que se verão obrigados a procurar estalagens, onde não pode este comando intervir no asseio que devem observar[18].

O Decreto nº 762, de 1º de junho de 1900, ataca as "divisões de casas de vasta dimensão em cubículos de madeira" – os cortiços – ao mesmo tempo que reconhece tacitamente a existência de ocupações nos morros da cidade, e direciona a expansão dos núcleos, ao estabelecer que "barracões toscos não serão permitidos (...) salvo nos morros que ainda não tiverem habitações". Podemos dizer que,

---

[18] GONÇALVES, Rafael Soares. *A construção jurídica das favelas do Rio de Janeiro: das origens ao Código de obras de 1937* - In: OS URBANITAS - Revista de Antropologia Urbana Ano 4, vol. 4, n. 5 – Disponível via WWW no URL nomedoarquivo. html. Internet, 2007. Capturado em 16/07/08.

Favela Morro do Pinto no Rio de Janeiro – Final do século XIX.

na prática, este decreto "criou" a entidade urbana que viria a se denominar "favela".

Mas os primeiros juízos de valor que temos da favela vêm das páginas policiais. Numa carta ao chefe de polícia, Dr. Enéas Galvão, datada de 4 de novembro de 1900, apenas três anos após sua ocupação pelas tropas que retornavam da Campanha de Canudos, o delegado da 10ª Circunscrição relata o morro da Providência como

> *infestado de vagabundos e criminosos que são o sobressalto das famílias do local designado, embora não haja famílias no local designado, é ali impossível ser feito o policiamento porquanto nesse local, foco de desertores, ladrões e praças do Exército, não há ruas, os casebres são construídos de madeira e cobertos com zinco, e não existe em todo o morro um só bico de gás...*[19]

Em sua edição de 5 de julho de 1909, o *Correio da Manhã* clamava:

---

[19] Citado em ZALUAR, Alba e ALVITO, Carlos (orgs.). *Um século de favela*. Rio de Janeiro: FGV, 2006.

Breve história das favelas

A Favela (...) é a aldeia do mal. Enfim, e por isso, por lhe parecer que essa gente não tem deveres nem direitos em face da lei, a polícia não cogita de vigilância sobre ela (...) É o lugar onde reside a maior parte dos valentes da nossa terra, e que, exatamente por isso – por ser o esconderijo da gente disposta a matar, por qualquer motivo, ou, até mesmo, sem motivo algum –, não tem o menor respeito ao Código Penal nem à Polícia, que também, honra lhe seja feita, não vai lá, senão nos grandes dias do endemoninhado vilarejo[20].

As favelas foram inicialmente definidas como não mais do que antros de banditismo, para somente mais tarde serem acusadas de foco de insalubridades. Em 1905, o engenheiro Backheuser apresentou um novo foco da questão, ao ser chamado para redigir um parecer técnico-sanitário na comissão encarregada de dar uma resposta ao problema das habitações populares, que ele chamou de "velhas choças ruinosas", "insalubres, radicalmente insalubres", responsáveis por dar "à moléstia do Rio – a má habitação – um caráter agudo, angustiante, formidável"[21].

A descrição prossegue, agregando os valores que veremos comparecer em todas as definições adotadas pelo Estado em sua relação com as favelas:

o Morro da Favela é íngreme e escarpado; as suas encostas em ribanceiras marchetam-se, porém, de pequenos casebres sem higiene, sem luz, sem nada. Imagine-se, de fato, casas tão altas como um homem, de chão batido, tendo para paredes trançados de ripas, tomadas as malhas com porções de barro a sopapo, latas de querosene abertas e justapondo-se, tábuas de caixões; tendo para telhado essa mesma mistura de materiais presos à ossatura da coberta por blocos de pedras, de modo a que os ventos não as descubram; divisões

---

[20] MATOS, Rômulo Costa. *A 'Aldeia do Mal': o Morro da Favela e a construção social das favelas durante a Primeira República* – Rio de Janeiro, UFF, 2004.

[21] Citado em VALLADARES, Lícia do Prado. *A invenção da favela: do mito de origem à favela.com*. Rio de Janeiro, FGV, 2005.

internas mal acabadas, como que paradas a meio com o propósito único de subdividir o solo para auferir proventos maiores. É isto pálida ideia do que sejam estas furnas onde, ao mais completo desprendimento por comezinhas noções de anseio, se alia uma falta de água, quase absoluta, mesmo para beber e cozinhar[22].

O engenheiro Backheuser ilustra sumariamente o urbanismo do assentamento:

os casebres espalham-se por todo o morro; mais unidos na base, espaçam-se em se subindo pela rua da Igreja ou pela rua do Mirante, eufemismos pelos quais se dão a conhecer uns caminhos estreitos e sinuosos que dão difícil acesso à chapada do morro. [E faz a primeira descrição de um modo de ocupação que se tornaria característico de muitas favelas:] *para ali vão os mais pobres, os mais necessitados, aqueles que, pagando duramente alguns palmos de terreno, adquirem o direito de escavar as encostas do morro e fincar com quatro mourões os quatro pilares do seu palacete.* [Encontra, no entanto, sensibilidade para detectar o caráter social do problema, ao afirmar que] *ali não moram apenas os desordeiros e facínoras como a legenda (como já a tem a Favela) espalhou; ali moram também operários laboriosos que a falta ou a carestia dos cômodos atira para esses lugares altos.* [E registra um aspecto que o adensamento atual das favelas cariocas em muito prejudicou] *a suave viração que sopra continuamente, dulcificando a dureza da habitação*[23].

Esta foi a época das reformas urbanas do prefeito Pereira Passos e das operações mata-mosquito de Oswaldo Cruz, que se estenderam de 1902 a 1909. Embora as favelas não tivessem a predominância que ostentam hoje na paisagem carioca, já se apresentavam como um problema específico que deveria ser encarado de um modo ou de outro.

Em 1908, o cronista João do Rio publica na *Gazeta de Notícias* um artigo intitulado "Os livres acampamentos da miséria", no qual

---
[22] Idem.
[23] Ibidem.

Breve história das favelas

descrevia uma visita que fizera numa noite ao morro de Santo Antônio:

o morro era como qualquer outro morro. Um caminho amplo e mal tratado, descobrindo de um lado, em planos que mais e mais se alargavam, a iluminação da cidade (...) Acompanhei-os e dei noutro mundo. A iluminação desaparecera. Estávamos na roça, no sertão, longe da cidade. O caminho que serpeava descendo era ora estreito, ora largo, mas cheio de depressões e de buracos. De um lado e de outro, casinhas estreitas, feitas de tábuas de caixão, com cercados indicando quintais (...) Tinha-se, na treva luminosa da noite estrelada, a impressão lida da entrada do arraial de Canudos ou a funambulesca ideia de um vasto galinheiro multiforme[24].

Jeca Tatu – Belmonte.

Convidado que fora para uma festa, o cronista não se intimidou com a má fama do morro:

falavam-me sempre no perigo de subir à Favela (...) O maior risco que encontrei na Favela foi o risco, a cada passo, de despencar-me de lá de cima pela pedreira ou pelo morro abaixo. [E traduz o comportamento das pessoas com um pouco menos de azedume, mas perguntando-se:] *Como se criou ali aquela curiosa vila de miséria indolente? O certo é que hoje há, talvez, mais de mil e quinhentas pessoas abrigadas lá em cima.*

Para nos situarmos, é também por essa época que Monteiro Lobato concebe a célebre figura do Jeca Tatu, personagem indolente,

---

[24] Ibidem.

um pobre caboclo que morava no mato, numa casinha de sapé. Vivia na maior pobreza, em companhia da mulher, muito magra e feia, e de vários filhinhos pálidos e tristes. Jeca Tatu passava os dias de cócoras, pitando enormes cigarrões de palha, sem ânimo de fazer coisa nenhuma. Ia ao mato caçar, tirar palmitos, cortar cachos de brejaúva, mas não tinha ideia de plantar um pé de couve atrás da casa. Perto corria um ribeirão, onde ele pescava de vez em quando uns lambaris e um ou outro bagre. E assim ia vivendo. Dava pena ver a miséria do casebre.

> *Nem móveis, nem roupas, nem nada que significasse comodidade. Um banquinho de três pernas, umas peneiras furadas, a espingardinha de carregar pela boca, muito ordinária, e só. Todos que passavam por ali murmuravam: – Que grandessíssimo preguiçoso!* [25]

O Brasil republicano tentava livrar-se dos antigos ranços imperiais e coloniais, mas esbarrava sempre, de um lado, com o estado de abandono a que tinha sido relegada a maior parte do seu povo, e, de outro, com a incapacidade de suas elites em conceberem um projeto de país real.

A republicanização da favela

Porém, a presença insistente do problema em plena Capital Federal obrigou o Estado a algumas relutantes providências, que iam além do mero dispositivo policial ou sanitário: em 1914, o intendente Leite Ribeiro propõe um projeto legislativo para o estabelecimento de fontes no local mais conveniente para o fornecimento de água potável à população do morro de Santo Antônio. Pela primeira vez, o Estado presta um serviço a uma comunidade, reconhecendo tacitamente seu direito ao acesso a um item de infraestrutura que beneficia o restante dos cidadãos.

---

[25] Texto do folheto de propaganda do Biotônico Fontoura, que apresentou o personagem Jeca Tatuzinho de Monteiro Lobato, visando criar noções de higiene junto às crianças.

Por ocasião do Centenário da Independência, o intendente Artur Menezes apresentou projeto de lei propondo uma intervenção no morro da Favela, no sentido de "serem modificadas não só as condições de estética, como também as que dizem respeito à higiene, à segurança, à ordem e à moral", de modo a "libertar a nossa bela metrópole daquela vergonha que tanto deprime os nossos costumes, a nossa cultura e civilização"[26].

Apenas um pouco mais tarde, a geração de modernistas irá contrapor-se a estas visões da elite, proclamando, como Oswald de Andrade em seu *Manifesto da poesia pau-brasil* de 1924:

> *Os casebres de açafrão e ocre nos verdes da Favela, sob o azul cristalino, são fatos estéticos".* E na sua edição de 19 de maio de 1926, o Jornal do Brasil *declarava que "a Favela é o Rio, mas o Rio integral, sincero, o Rio tal como Deus o fez. E tanto mais pitoresco, para ser visto, quando é lá que vimos um pouco da alma turbulenta, desordeira e, à sua maneira, épica da cidade* [27].

Fato é que a Lei 2.087, de 19 de janeiro de 1925, já integrava as favelas na paisagem urbana, quando determina, em seu artigo 203, que "a construção de casas só será permitida na quarta zona e nos morros situados fora da primeira zona (o centro da cidade), não o sendo, entretanto, nos morros de Santa Tereza, da Glória, da Viúva, do Pasmado e de Santa Maria". Esta lei denota ainda que as autoridades já se preocupavam com a localização de novas favelas, procurando conduzi-las para fora do centro e da zona sul, em direção aos morros da periferia.

Discutiam-se, entretanto, outros aspectos da questão, e o empresário Mattos Pimenta destacou-se por afirmar que a remoção de favelas sem a oferta de alternativas habitacionais às populações

---

[26] GONÇALVES, Rafael Soares. *A construção jurídica das favelas do Rio de Janeiro: das origens ao Código de obras de 1937.*
[27] MATOS, Rômulo Costa. *A 'Aldeia do Mal': o Morro da Favela e a construção social das favelas durante a Primeira República* – Rio de Janeiro: UFF, 2004.

não fazia mais do que acelerar aquilo que ele chamou de "dança das favelas". Ele propôs um Programa de Casas Populares em parceria com o Banco do Brasil que visava à construção de prédios de seis andares, cada um com 120 apartamentos, que poderiam ser adquiridos pelo valor de um aluguel mensal. Já nessa época, Mattos Pimenta imaginava substituir as favelas por grandes conjuntos de prédios, nos quais os antigos favelados encontrariam uma moradia "sólida e confortável"; mas seus planos não foram implantados.

Do meio para o final da década de 1920, foi elaborado um Plano Urbanístico para cidade do Rio de Janeiro pelo arquiteto e sociólogo francês Alfred Agache, identificando na origem das favelas, não apenas a miséria, mas também as dificuldades interpostas aos mais pobres pelos regulamentos de construção e pelas exigências para obtenção de financiamentos. Ele propunha a construção de moradias para a população, e acrescentava que "à medida que as vilas-jardins operárias serão edificadas (...) será conveniente reservar um certo número de habitações simples e econômicas, porém higiênicas e práticas, para a transferência dos moradores da favela", naquilo que ele considerava como sendo a "primeira etapa de uma educação que os há de preparar a uma vida mais confortável e mais normal"[28].

Mas as boas intenções do arquiteto, que por outro lado tachara as favelas de "lepra", não parecem ter conquistado a simpatia das comunidades; quando se disse que as favelas teriam de ser erradicadas, o compositor José Barbosa da Silva, o Sinhô, frequentador e defensor do morro da Favela, escreveu *A Favela vai abaixo*. Os primeiros versos citavam as casinhas de madeira, cada vez mais retratadas por intelectuais e artistas:

Minha cabrocha
A Favela vai abaixo

---

[28] Citado em VALLADARES, Lícia do Prado, *op. cit.*

Breve história das favelas

Quantas saudades tu terás deste torrão
Da casinha pequenina de madeira
Que nos enche de carinho o coração[29]

No início dos anos 1930, com o governo Getúlio Vargas, foi nomeado para prefeito do Rio o médico Pedro Ernesto, que inaugurou uma fase de diálogo com as favelas, intervindo em conflitos de terra e inaugurando, na Mangueira, a primeira escola pública em território favelado. Suas ações, de cunho bastante pessoal, não tiveram sequência, mas deixaram como herança o reconhecimento de fato da existência das favelas e da necessidade de aí se intervir, não no sentido da pura erradicação, mas com o objetivo de melhorar as condições de vida locais; esta postura abriria caminho para as urbanizações de favelas que seriam implantadas no Rio décadas mais tarde, mas a legislação que se seguiu – o Código de Obras de 1937, que vigorou até a década de 1970 – retomou a visão de remover os núcleos existentes e proibir a formação de novos. Como sabemos hoje, sem resultados efetivos.

O capítulo do Código que trata das favelas é intitulado "Extinção das Habitações Anti-higiênicas", e decreta desde logo que a formação de favelas, isto é, de conglomerados de dois ou mais casebres, regularmente ou em desordem, construídos com materiais improvisados e em desacordo com as disposições deste decreto, não será absolutamente permitida"[30]. O artigo 349 cria também a figura do congelamento, em seu parágrafo 1º: "Nas favelas existentes é absolutamente proibido levantar ou construir novos casebres, executar qualquer obra nos que existem ou fazer qualquer construção".

Como observa Lícia do Prado, o Código estabelecia assim uma primeira definição técnica de favela, em primeiro lugar com relação ao seu tamanho (dois ou mais casebres), depois a respeito da inexistência

---

[29] MATOS, Rômulo, *op. cit.*
[30] VALLADARES, Lícia do Prado, *op. cit.*

de toda e qualquer normalização urbanística ou edilícia. O número de unidades para a definição logo subiu para cinquenta, mas os demais itens da definição do Código de 1937 permanecem válidos até hoje, como expresso na metodologia utilizada pelo IBGE para o Censo Populacional de 2000, onde "Setor Especial Aglomerado Subnormal" é definido como "o conjunto constituído por um mínimo de 51 domicílios, ocupando ou tendo ocupado, até período recente, terreno de propriedade alheia – público ou particular – dispostos, em geral, de forma desordenada e densa, e carente, em sua maioria, de serviços públicos essenciais".

Novas posturas públicas

Em 1941 o 1º Congresso Brasileiro de Urbanismo propôs uma metodologia de intervenção em favelas, que começava por um cuidadoso levantamento de dados, contemplando informações censitárias, sanitárias e edilícias, além de dossiê fotográfico, estudo verificando a possibilidade de urbanização de cada núcleo e – pioneirismo nem sempre levado adiante – informações sobre o proprietário das terras ocupadas. Dessa mesma época data a construção do Primeiro Centro Social, concebido pela assistente social Maria Hortênsia do Nascimento e Silva para a favela do largo da Memória no Leblon.

Maria Hortênsia realizou o primeiro trabalho social sistemático numa comunidade, organizando material e métodos de tal maneira a produzir um cadastro detalhado da favela, que incluía plantas dos barracos, depoimentos de moradores, dados estatísticos bastante completos e um esboço de categorização de tipologias de favelas e de classificação de barracos. Porém, como nos mostra Lícia do Prado, não se elevou acima dos preconceitos do seu tempo, atribuindo a pobreza das favelas a uma questão de raça, ao escrever que "o nosso negro, malandro de hoje, traz sobre os ombros uma herança mórbida por demais pesada para que a sacuda sem auxílio (…) não é sua culpa se, antes dele, os seus padeceram na senzala". E, classificando as favelas como sendo "mais miseráveis e sórdidas do que todas as outras", num quadro que "confrange o coração dos que penetram nesse mundo à parte, onde vivem os renegados da sorte", pergunta-se, reeditando a visão de Lobato sobre o Jeca Tatu: "é de espantar, portanto, que prefira sentar-se à soleira da porta, cantando, ou cismando em vez de ter energia para vencer a inércia que o prende, a indolência que o domina, e resolutamente pôr-se a trabalhar?".

No Censo do Distrito Federal de 1949, afirmava-se ainda que "não é de surpreender o fato de os pretos e pardos prevalecerem nas favelas. Hereditariamente atrasados, desprovidos de ambição e mal ajustados às exigências sociais modernas, fornecem em quase todos os nossos núcleos urbanos os maiores contingentes para as baixas camadas da população"[31].

Durante o governo Vargas foram construídos três "parques proletários", na Gávea, Caju e Praia do Pinto, numa nova etapa da ação do Estado com relação às favelas. Nestes parques, na realidade alojamentos provisórios para famílias removidas, era preparada a transição para seu ingresso no lado positivo da sociedade urbana; além de habitações, os parques incluíam escolas, centros esportivos e sociais, creche e até posto policial.

A década de 1950 traz o Recenseamento Geral, quando pela primeira vez as favelas aparecem classificadas como tais; a Divisão Técnica do IBGE emite uma nota em que afirma que qualquer medida destinada a enfrentar os problemas surgidos com a proliferação de favelas deveria estar apoiada num sólido conhecimento das características individuais e sociais das populações. Desta forma, inaugura-se um critério de avaliação dos assentamentos, permitindo diferenciar suas características e tratar cada problema de forma individual.

O Recenseamento de 1950 começou por estabelecer uma definição de favela, com características relativas à sua dimensão mínima – acima de cinquenta unidades –, ao tipo de habitação, necessariamente

---

[31] VALLADARES, Lícia do Prado, *op. cit.*

Remoção da Favela do Parque Proletário da Gávea – 1970.

precária, à sua condição jurídico-fundiária, ao estado da infraestrutura e da urbanização existentes.

Com base neste critério, o Censo levantou 56 favelas na cidade do Rio, onde viviam perto de 170 mil pessoas, incluindo-se aí o próprio Parque Proletário da Gávea, construído apenas oito anos antes, e que já se tornara um exemplo de como não solucionar o dilema das favelas.

Em 30 de novembro de 1950, a Lei nº 539 promete melhorias para as favelas, que deveriam traduzir-se em equipamentos sociais como creche, posto de assistência social e escola técnica; em 1951 o prefeito João Carlos Vital concebe com o engenheiro Guilherme Romano o Serviço de Recuperação de Favelas, com a proposta de urbanizar núcleos existentes. Em 1953, a Comissão das Favelas, criada por portaria municipal, estabelece que remoções só serão efetuadas depois que o Estado providencie novo local para moradia das famílias deslocadas.

Em 1955, a Igreja Católica empreendeu a Cruzada São Sebastião, com inspiração do Bispo Dom Hélder Câmara, que se propunha a dar uma solução "racional, humana e cristã" e que urbanizou favelas e construiu o conjunto habitacional conhecido como Cruzada, no Leblon. A Prefeitura lançou em 1956 o Serviço Especial de Recuperação das Favelas e Habitações Anti-higiênicas; estimulando e orientando a criação de associações de moradores, o Serfa contribuiu para a realização, em 1957, do Primeiro Congresso dos Favelados do Rio de Janeiro, ocasião em que foi criada a Coligação dos Trabalhadores

Conjunto Habitacional Vila Kennedy – 1965.

Favelados do Distrito Federal, com o objetivo de lutar por melhores condições de vida nos núcleos por meio do trabalho comunitário. Neste período, a população das favelas cresceu 7%, enquanto a do restante da cidade aumentou 2%.

A década de 1960 começa com o governo de Carlos Lacerda, que em 1948, como jornalista, havia atacado as favelas e defendido a sua extinção. Assim, enquanto dava prosseguimento às obras viárias da administração anterior, construindo viadutos e avenidas, Lacerda lançou o programa de remoção de favelas e iniciou a transferência de suas populações para lugares distantes da área central. Em contrapartida, os favelados criaram em 1962 a Federação das Associações das Favelas do Estado da Guanabara, como reação à transferência compulsória de moradores para as vilas populares, que atingiu 27 favelas, removendo 41.958 pessoas até o término das operações em 1965.

Ao mesmo tempo, vivia-se sob um regime militar com orientação declaradamente anticomunista, e que tratou de criar seus próprios instrumentos e meios para estabelecer um canal vertical de comunicação com as populações faveladas: assim, um decreto de 1968 estabelece como finalidade específica das associações de moradores a representação dos interesses comunitários perante o governo do Estado.

A partir de 1968, o governo federal criou a Coordenação de Habitação de Interesse Social da Área Metropolitana do Grande Rio, que atuou até 1973, visando à "reabilitação social, moral, econômica e sanitária da família favelada", e que na verdade simplesmente iniciou uma enorme operação de extinção de núcleos favelados, tendo atingido cerca de 100 mil pessoas em 53 favelas.

Em 1972, a Federação das Favelas do Estado da Guanabara, fundada em 1963, realiza seu III Congresso, com a participação de 79 associações de moradores; deste encontro extrai-se a posição de defender a urbanização das favelas em vez da sua remoção. Em 1979, o prefeito Israel Klabin propõe a regularização fundiária e a urbanização de núcleos, ao mesmo tempo que inicia a coleta de lixo nas favelas.

Apesar de um interlúdio nesse mesmo ano com o Programa PROMORAR, financiado pelo Ministério do Interior, e que se destinava à erradicação de favelas, a tendência a dotar as favelas de infraestrutura e urbanização em geral tornou-se a diretriz predominante, em particular sob o governo de Leonel Brizola na década de 1980, culminando com o Projeto Favela-Bairro, de 1994, cuja divisa é "integrar a favela à cidade, dotando-a de infraestrutura, serviços e equipamentos públicos".

Programa Favela Bairro no morro da Mangueira – Rio de Janeiro, 2006.

Exatos cem anos passaram-se assim, desde que o governo aquartelou as suas tropas no morro de Santo Antônio durante a Revolta da Armada, deixando que alguns soldados construíssem ali suas moradas. Nesse período, as favelas passaram de pequenos núcleos, quase rurais, para o centro da discussão sobre moradia na cidade do Rio de Janeiro. No mesmo período, elas atingiram em nível mundial o grau explosivo em que se encontram hoje, abrigando uma em cada três pessoas que vivem sobre a terra.

São Paulo e outras metrópoles

Com maior ou menor grau de dramaticidade, em maior ou menor proporção e, sobretudo, com histórias bem próprias, as favelas hoje são realidade em praticamente todas as cidades brasileiras com mais do que 5 ou 10 mil habitantes. Se, em São Paulo, um em cada dez habitantes está numa favela, este fator cresce para um em cada quatro em Recife, um em cada três em Fortaleza. A origem última é sempre a mesma: disparidade social e concentração de renda, às vezes aliadas diretamente a fenômenos de êxodo rural.

Estudos mostram, por exemplo, que, a cada ano, chegam a Fortaleza – uma cidade com perto de 2,4 milhões habitantes – cerca de 140 mil pessoas vindas do interior, tanto do próprio Estado quanto dos Estados vizinhos; enquanto a população cearense dobrou nos últimos quarenta anos, a de Fortaleza quadruplicou. Em 1985, registravam-se 243 favelas na cidade; em 1991, eram 313; hoje, segundo a Federação de Bairros e Favelas de Fortaleza, a conta subiu para 661 assentamentos. Curiosamente, o IBGE só contabiliza 177, porque desconsidera aqueles com menos do que 50 barracos.

Já Recife, com 1,4 milhão de habitantes, apresenta 67% de sua população economicamente ativa ganhando até três salários mínimos; não é de admirar que um quarto da área urbana acha-se ocupado por 490 favelas – quase o mesmo número de Porto Alegre, que tem 3,8 milhões de habitantes. A pouquíssima escolaridade dos chefes de família tem seus reflexos na renda domiciliar, na estabilidade da família, nas oportunidades de emprego e no próprio estudo dos filhos: num Estado com alto índice de analfabetismo até os 15 anos – 11% –, o percentual de analfabetos nas áreas com renda de até um salário mínimo sobe para 23,4%.

Em 1981, na cidade de Salvador, a proporção da população classificada como pobre, levando-se em consideração as características locais de nível de vida e estrutura de consumo, apresentava a maior taxa dentre as nove maiores áreas metropolitanas do Brasil, algo entre 37 e 43%; na década de 1990, o patamar inferior foi mantido no centro da cidade, mas na periferia a relação subiu para 59,1%. No final dos anos 1950, o destino de centenas de milhares de migrantes que fugiam da seca era a favela de Alagados, construída sobre aterros de lixo na baía de Itapagipe; as notícias da revitalização do crescimento econômico na década de 1960 trouxeram outras tantas levas em busca de trabalho e emprego. Mas em 1970, 40% dos trabalhadores da cidade ganhavam menos do que dois salários mínimos e 72% das famílias não tinham acesso a redes de esgoto; hoje, as favelas de Salvador concentram cerca de 500 habitantes por hectare numa cidade cercada de mar por três lados e sem mais espaço para se expandir.

Belo Horizonte, uma das primeiras cidades projetadas do Brasil, tem hoje cerca de 2 milhões de habitantes, com um quarto vivendo

Favela Alagados – Salvador, Bahia, 2005.

em favelas: são 142 assentamentos, com estimados 439.449 habitantes. E o Distrito Federal, que, de acordo com a pesquisadora Nair Bicalho, no ano de 1959, constituía-se de não mais que alguns acampamentos (Centro da Novacap, Candangolândia, Praça dos Três Poderes, Plano Piloto e outros), núcleos provisórios (Bananal e Bandeirantes), núcleos estáveis (Planaltina, povoado de Taguatinga e de Brazlândia) e uma extensa zona rural, abriga hoje a mesma população que Belo Horizonte, dos quais apenas 198 mil no chamado Plano Piloto. Os demais se espalham pelas cidades-satélite, algumas das quais concentram centenas de milhares de habitantes.

Mas de todas as cidades brasileiras é São Paulo, naturalmente, que apresenta os números mais assustadores, especialmente se considerada a totalidade de sua Região Metropolitana. Só na capital, quase 1 milhão de pessoas mora em favelas; mas, na realidade, a mancha de pobreza alastra-se muito mais longe, pois, hoje em dia, pouca distinção há – fora o caráter de "ocupação" que a favela exibe – entre alguns núcleos favelados e a cidade que os rodeia.

As favelas de São Paulo são muito menos antigas do que as do Rio de Janeiro, sendo as primeiras notícias sobre a existência da década de 1940, quando pesquisa da Divisão de Estatística e Documentação da Prefeitura apontou sua presença na Mooca (Oratório), Lapa (Guaicurus), Ibirapuera, Barra Funda (Ordem e Progresso) e Vila Prudente – esta última existente até hoje. Em 1957 o número já subira para 141 núcleos, com 8.488 barracos e algo entre 50 e 150 mil favelados, conforme se utilizem as estatísticas contraditórias da Prefeitura ou do MUD – Movimento Universitário de Desfavelamento.

Mas a relação de São Paulo com as chamadas "habitações subnormais" vem de bem mais longe, dos séculos XVII e XVIII; ela apenas acirrou-se nas últimas do século XIX com a economia cafeeira, que trouxe para a cidade verdadeiras levas de imigrantes na esteira dos investimentos em novas atividades. A população da cidade saltou de 26.040 habitantes, em 1872, para quase 580 mil em 1920. Até essa época, a cidade pouco se expandira para além da colina original, no espigão entre os vales do Anhangabaú e Tamanduateí, e um pouco nas áreas da Luz e Santa Ifigênia. As ruas apresentavam grande quantidade de habitações coletivas de aluguel, que conviviam desordenadamente com residências isoladas de pequenos proprietários, e com os casarões dos fazendeiros ricos ou dos novos industriais. Na realidade, por esse tempo São Paulo ainda apresentava o aspecto rústico e mal desenhado de qualquer cidade antiga de urbanização pré-cartesiana. Lembremo-nos de que, ao contrário de muitas outras cidades fundadas no Novo Mundo, o traçado original de São Paulo não obedeceu às Ordenações da Coroa, possuindo um desenho pouco ortogonal.

Já por volta de 1870 existiam cortiços nos bairros centrais da elite paulistana como Sé, Santa Ifigênia, Bela Vista e nos bairros especificamente operários de Brás e Mooca. Nesse período a população de São Paulo passou de 15 mil habitantes em 1850 para 65 mil em 1890 e abrigar uma maior e sempre crescente massa de população trabalhadora mais pobre revelou-se uma oportunidade lucrativa. Quando, em 1911, a Prefeitura decide derrubar as casinhas de aluguel que se enfileiravam tristemente na rua Formosa para possibilitar a criação do Parque do Anhangabaú, o maior prejudicado foi o riquíssimo Conde Prattes, proprietário daquelas edificações.

Assim como no Rio de Janeiro, os cortiços foram considerados focos de doença. A pesquisadora Andréa Piccini informa que, já no início do século, o governo criou a Polícia Sanitária "apoiando-se na ideia de combate às epidemias que tomavam conta da cidade para fiscalizar os "ninhos de tuberculoses", que se desenvolviam nos "tugúrios" da cidade, atuando como forma de controle social. Invadia-se assim a privacidade dos moradores para desinfetar os focos de epidemias algumas vezes destruindo até o tugúrio, como era chamado, obrigando os moradores a se afastar para a periferia ou muitas vezes redistribuindo-se em cortiços no centro da cidade onde depois de um tempo reaparecia a mesma situação[32].

A partir do final do século XIX e início do XX, os cortiços paulistanos foram alvos de campanhas alternativas de erradicação e regulamentação, passando ainda por períodos em que ficaram totalmente à margem da legislação, como durante a vigência do Código de Obras de 1929, que simplesmente não reconhecia a sua existência. Nos anos 1970 surge uma tentativa de prover uma melhor modalidade habitacional, por meio da Lei nº 8.266, de 1975, que introduzia com o novo Código de Edificações do Município, a definição de Habitação de Interesse Social (H. I. S.), definida como "uma habitação permanente, quer sejam casas ou apartamentos, habitados por uma ou mais famílias e construídas em mutirão ou por iniciativa pública ou privada, com recurso do Sistema Financeiro de Habitação". Atualmente, a questão dos cortiços é tratada no âmbito da chamada Lei Moura, nº 10.928, que define as condições mínimas de habitabilidade para moradias em cortiços, e tenta reconhecer, admitindo de forma jurídica, a existência deste tipo de moradia.

Em contrapartida, as favelas de São Paulo, quase inexistentes até os anos 1940 e 1950, cresceram exponencialmente a partir da década de 1970, ocupando principalmente áreas de risco – encostas e beiras de cursos d'água, antigos lixões – e de proteção ambiental – florestas nativas e áreas de mananciais –, mas até os anos 1980 ainda não haviam se tornado um problema de especial visibilidade. Mas, entre 1973 e 1980,

---

[32] PICCINI, Andréa. *Cortiços e Reestruturação do Centro Urbano de São Paulo, Habitação e Instrumentos Urbanísticos*. São Paulo: CPGEC-USP, 1997.

Favela Paraisópolis, São Paulo, 2006.

a população favelada cresceu a uma taxa de 20,16% ao ano, enquanto o município em geral apresentou menos 3%. E, a partir da década de 1990, o crescimento da periferia paulistana, que, conforme anota a arquiteta e pesquisadora Suzana Pasternak, até então se dera pela tríade lote irregular-casa própria-autoconstrução, entrou em franco processo de favelização: entre 1991 e 1996 as casas em favelas responderam por 52% de todos os novos domicílios em São Paulo.

As favelas paulistanas concentram-se sobretudo nas zonas sul e norte, precisamente em áreas de proteção ambiental: junto às represas de Guarapiranga e Billings, ao sul, e nas encostas da serra da Cantareira, ao norte, estão perto de 70% das moradias faveladas. Metade das favelas está em beira de córregos, e pelo menos um quarto dos domicílios corre risco de ser levado pelas águas das enxurradas e inundações.

Porém, as favelas de São Paulo apresentam aspectos de infraestrutura surpreendentes: assim, segundo os dados de 1991, 99,6% dos domicílios da cidade recebiam energia elétrica, 89,6%, água encanada

Breve história das favelas

Periferia paulistana – 2008.

da rede pública; em 1993, 88,4% eram beneficiados pela coleta de lixo pública regular. Estes dados aproximam as favelas da mesma situação encontrada em todas as periferias paulistanas, exceção feita à rede de esgotos, cuja cobertura é de 25% e 75%, respectivamente.

Assim, o horizonte de casas das periferias paulistanas apresenta certa característica de unidade, adquirida principalmente nas décadas de 1980 e 90, quando o antigo padrão de barraco de madeira com chão de terra socada foi substituído pelas casas de alvenaria com cobertura de lajes, muitas com mais de um piso. O fácil acesso aos materiais e técnicas faz com que algumas favelas de São Paulo assemelhem-se mais a conjuntos de prédios, com quatro, cinco, seis – até oito andares. De fato, a verticalização foi responsável por um aumento considerável da densidade demográfica, de 360 para 380 habitantes por hectare, pois, enquanto a população favelada cresceu quase 5% ao ano (ante 0,55% do município), a área ocupada por favelas reduziu-se em cerca de 18%, de 28 km2 em 2003 para 23 km2 em 2007, e ainda considerando-se que 548 núcleos foram removidos, urbanizados ou unidos, enquanto apenas 362 novos surgiram. Neste mesmo período, a densidade média caía de 4,59 moradores por domicílio em 1991 para 3,97 em 2000.

Habitadas por uma população em geral mais jovem do que a do município, as favelas de São Paulo apresentam uma predominância de cor preta ou parda, e a origem das pessoas situa-as majoritariamente como migrantes das regiões mais pobres do País, com quase 70% oriundas dos Estados do Nordeste. Na verdade, embora metade da população favelada seja hoje constituída de migrantes, cada vez são migrantes menos recentes, e podemos encontrar inúmeros casos em que as pessoas estão na favela há duas ou três gerações.

Apesar da visão negativa, ligada ao banditismo e à marginalidade, que a sociedade costuma ter da favela – e a classe média paulistana não é exceção – a população residente nelas apresenta níveis de emprego formal em proporções equivalentes ao restante do município. No dizer de Suzana Pasternak, os favelados de São Paulo "não são um enclave separado: eles incorporam-se ao mundo econômico. São consumidores de produtos industriais – novos e usados – e consumidores de serviços". Três quartos dos domicílios possuem fogão e geladeira, um terço televisão colorida, metade em branco e preto. "A favela, prossegue Suzana, é hoje local menos precário que há duas décadas: é habitada por trabalhadores empregados, não por *lumpen*; tem certa infraestrutura, suas casas são predominantemente de alvenaria, enfim, integram-se ao espaço urbano, seus moradores são trabalhadores pobres que produzem e consomem e que não encontram na metrópole local acessível de moradia no mercado formal. Sobra, para eles, a ocupação de terras públicas ou privadas[33].

---

[33] PASTERNAK, Suzana. *Espaço e população nas favelas de São Paulo*. Anais do XIII Encontro da Associação Brasileira de Estudos Populacionais, Ouro Preto, nov. 2002.

4

Antes das favelas

O que são cidades?

Para entendermos a história das favelas, é preciso, em primeiro lugar, estudarmos a própria história das cidades. De fato, os agrupamentos humanos a que damos este nome hoje, e que chegam a reunir vários milhões de pessoas convivendo dentro de uma mesma estrutura no tempo e no espaço, pouco ou nada têm a ver com as primeiras formas organizadas de ocupação do território pelos povos que se sedentarizaram, cerca de 10 mil anos atrás.

Uma cidade, seja ela moderna ou antiga, é sempre um reflexo das relações humanas e das forças produtivas que se apresentam em dado momento. As cidades atuais são fruto de nossa sociedade altamente industrializada e mercantil, com grande predominância dos automóveis e projetada, ao menos idealmente, para maximizar a eficiência da infraestrutura e a utilização dos insumos necessários ao seu funcionamento; há quatrocentos ou quinhentos anos, as cidades davam mais importância às suas capacidades defensivas, confiadas às muralhas que as cercavam e que os novos canhões e a aviação de bombardeio tornaram obsoletas nos últimos dois séculos.

Podemos avaliar o "momento" de uma cidade por aquilo que nos dizem sua malha urbana e os elementos que encontramos nela: a instalação de uma nova forma de governo, a mudança nos formatos

Amsterdam, Holanda.

dos cultos religiosos, a evolução de determinados setores da economia, as trocas de poder e de autoridade, tudo deixa marcas que podemos acompanhar ao longo da história. Templos, palácios, praças, avenidas, a distribuição das castas, a criação de novos setores urbanos especializados nesta ou naquela atividade, as diversas formas das fortificações, a infraestrutura urbana, as estradas e pontes que ligavam a cidade e o campo, tudo são registros de um tempo presente, que refletem a dinâmica da história vivida por certa comunidade.

Os assentamentos primitivos

O homem que viria a construir as cidades e as favelas surgiu, para nós, na Europa, há cerca de 500 mil anos. Ele provinha de uma longa linhagem de hominídeos, uma família que remontava a mais de 3 milhões de anos. Durante gerações, as pessoas desta família sucederam-se, cresceram e se multiplicaram, e adaptaram-se às circunstâncias o melhor que puderam, diante das alterações que aconteciam nos ambientes em que se encontravam.

E durante mais de 450 mil anos, a grande família vagou pelos horizontes que se abriam diante de si, explorando todos os recantos da Terra e espalhando-se pelo planeta; a extrema maleabilidade, adaptabilidade e variabilidade dos membros desta família aliada a uma capacidade particularmente refinada de avaliar e pesar a realidade levou-a a ocupar todos os ambientes disponíveis, e deles extrair propriedades que os demais seres presentes no ambiente ignoravam. Foi a capacidade única de sopesar as informações que lhe chegavam do entorno, estabelecer relações entre elas e tirar conclusões, que deu ao homem esta posição, que ele veio a ocupar, paulatinamente, no bioma que recobre o planeta.

Podemos imaginar os primeiros membros de nossa família, vivendo nos seus pequenos grupos, pouco se distinguindo de outros parentes mais rústicos. A caça e a coleta eram suas ocupações principais, e na realidade passavam a maior parte do tempo mastigando; se fizermos uma comparação com chimpanzés e outros primatas atuais em seu *habitat*, de cinco a seis horas por dia.

Foi a introdução do uso do fogo que desequilibrou a equação. O alimento cozido é processado muito mais rapidamente, e o tempo de mastigação pode reduzir-se a menos de duas horas diárias. Este fato teve reflexos em todas as esferas da vida dos nossos parentes distantes, chegando até a mudar as suas feições, reduzindo a musculatura das mandíbulas e suavizando as linhas do rosto. O uso consciente do fogo deu a eles uma ferramenta inestimável, que estabeleceu uma nova perspectiva sobre a realidade, e posicionou-os num patamar único dentre todos os demais seres da terra.

O fogo congrega, ele é o elemento central onde quer que se manifeste. Juntando as pessoas ao redor da fogueira nas noites de frio, aguardando a caça que fumega sobre o braseiro, cozendo os vegetais, as raízes, as ervas sagradas, cauterizando as pontas de flechas, endurecendo o barro,

Presença do homem de Neandertal

maleando o metal, o fogo aos poucos deu ao homem um repertório de utilizações do qual ele jamais iria se separar.

Porém, durante mais de 450 mil anos, o homem portou este fogo sem tirar dele todas estas conclusões, contentando-se em apenas cozinhar alimentos, espantar mosquitos e aquecer-se no inverno.

De fato, embora os primeiros indícios de uso consciente do fogo por nossos antepassados, que se revela nos estratos arqueológicos pela presença de círculos de carvão aliados a ossos de animais, datem de 500 mil a.C., foi só a partir do momento em que se encontraram os dois ramos da família, os Neandertal, do norte, e os *Homo sapiens*, que provinham da África, desencadearam-se os processos que viriam a culminar no domínio total do fogo, que acabou se tornando determinante para definir o tipo de ser que nos tornamos, dentre todos os demais, no contexto deste planeta.

De acordo com os antropólogos Richard Klein e Blake Edgar[34], isto se deu há quase 40 mil anos a.C., quando, para nós no Ocidente, o *Homo sapiens* surgiu na Europa e começou a conviver com os Neandertal que já habitavam ali. Os dois eram descendentes de um mesmo tronco, que se separara há quase 500 mil anos, quando os últimos migraram

---

[34] KLEIN, Richard e EDGAR, Blake. *O despertar da cultura*. Rio de Janeiro: Zahar Editores, 2004.

para o norte, estabelecendo-se em terras mais frias do que sua África original. A partir deste reencontro, o *Homo sapiens* prevaleceu, e houve um gradual recuo dos Neandertal, que foram absorvidos em parte e o restante desapareceu completamente do horizonte cerca de 25000 a.C.

Durante seus anos de convivência, os dois ramos da família tiveram muitos contatos, e desenvolveram, em conjunto ou em paralelo, uma série de práticas e comportamentos sociais, de técnicas no manejo da natureza, no conhecimento dos animais mais dóceis, no trançado de fibras, na confecção de utensílios e armas, no uso do barro. Desenvolveram também o culto aos antepassados e uma série de atividades rituais voltadas para o contato com o além. Criaram os percursos por onde se nomadeavam, primeiro seguindo bandos de animais, depois os domesticando e conduzindo-os pelas mesmas trilhas, ao longo das quais, ano após ano, enterravam-se os mortos e retornavam, eternamente, às fontes de água, aos pastos e invernadas, ao monte sagrado onde jaziam os ossos dos mortos.

Çatal Uyuk, Anatólia, 6700 a.C.

Tudo o que hoje identificamos como uma vida "cívica" começou nesses tempos. As posições de homens e mulheres, dos velhos e das crianças, as relações entre parentes e contraparentes dentro do clã; a ideia compartilhada da existência de normas e condutas grupais características; a identificação do grupo em torno de um mito fundador, a ética, as ideias de moral e costumes, tudo isso tem sua origem, para nós, no tipo de vida nuclear que se estabeleceu nesse período.

O tipo de agrupamento humano criado por nossos antepassados e o modo de relações interpessoais que eles estabeleceram em suas comunidades desenvolveram a noção de pertencimento, que se estruturou inicialmente em torno da noção de família, para depois estender-se ao conjunto de famílias irmanadas num bando, e ao conjunto de bandos congregados numa tribo. Os mitos familiares são expandidos ao nível do grupo, depois da tribo, e o conjunto de tribos que compartilham o mesmo conjunto de mitos de origem passa a se reconhecer como "nação".

Depois que se viu sozinho, o *Homo sapiens* seguiu sua vida. Aos poucos ele foi reunindo um repertório que, para nós, começa a ficar conhecido: na medida em que passa a dominar as técnicas agrícolas, ele diminuiu o nomadismo, herança daqueles tempos antigos da caça e coleta, substituído pelo pastoreio. A agricultura fixa o homem à terra, obriga-o a uma longa permanência junto ao plantio, cria a necessidade de estocagem de produtos, exige técnicas de manejo e irrigação, gera seus próprios ritmos no calendário. Mesmo o pastoreio se modifica, os animais que se adaptam à convivência doméstica são rapidamente cooptados: porcos, galinhas, patos e gansos. E, naturalmente, cães. Surgem também comunidades que vivem à beira d'água, à base de crustáceos, peixes, sargaços e plantas tuberosas cultivadas.

Por volta de 15000 anos a.C., ainda no chamado período mesolítico, o homem já sabe conduzir a reprodução de plantas através de mudas: a tamareira, a oliveira, a figueira, a macieira, a videira são algumas delas. Em 12000 a.C., ele inicia a reunião sistemática e o plantio de certas gramíneas e a domesticação de plantas com sementes, como as abóboras e os feijões de todos os tipos. Dessa época data igualmente a domesticação de rebanhos de animais maiores, como carneiros, jumentos, cavalos e bois. O cão e o porco forneceram melhores condições de segurança e de higiene. Os grandes ruminantes deram o esterco que faltava para potencializar a agricultura. Com o surgimento dos cereais, aparece o gato. As primeiras comunidades humanas cujas vidas giraram em torno destes novos itens estavam aparelhadas para interagir com essa realidade.

As primeiras aldeias neolíticas eram núcleos que congregavam entre três e 20 famílias, todas ligadas por diferentes graus de parentesco. O ambiente erigido ultrapassava de longe os abrigos provisórios dos povos nômades e seminômades, que precisavam ser muito simples e leves para permitir o transporte. Enquanto os acampamentos destes povos são normalmente em forma circular, a aldeia neolítica possui um caráter de permanência muito maior.

Segundo o historiador Leonardo Benevolo, o ambiente dos assentamentos neolíticos não foi só um refúgio na natureza, mas "um pedaço da natureza transformado de acordo com um projeto humano". Além das habitações, este ambiente compreendia os terrenos utilizados para cultivo, os abrigos dos animais domésticos e as "oficinas" com todos os instrumentos de trabalho, criação, defesa, ornamento e culto. Na medida em que esses assentamentos evoluíram, tornaram-se lugares diferenciados e privilegiados que passaram a abrigar a sede de uma autoridade que excedia suas fronteiras imediatas – inicialmente, uma autoridade religiosa.

O professor e pesquisador Norbert Schoenauer[35] afirma que a moradia que irá surgir nos primeiros assentamentos aconteceu naturalmente, a partir da habilidade de nossos ancestrais em dar "uma resposta arquitetônica ao conjunto de forças físicas e culturais presentes diante de si", dentro do meio sociotecnologicoeconômico que os cercava diretamente. Assim, na visão de Schoenauer, quando forças similares atuavam de forma determinante, as formas construídas a partir dessa interação eram também similares; e este processo incluiria não somente as dinâmicas que existem nas condições físicas e humanas locais, mas também outros fatores, sociais, físicos, econômicos, religiosos e políticos, pois a realidade é sempre uma coisa só.

Desta forma, existe certa homogeneidade entre todas as aldeias neolíticas, que apresentam configurações extremamente parecidas, com suas

---

[35] SCHOENAUER, Norbert. *Seis mil años de habitat*. Barcelona: Ed. Gustavo Gili, 1984.

habitações, hortas, currais, oficinas e celeiros, o poço central, o altar dos ancestrais, o terreiro onde as pessoas se reuniam para as festas, as comemorações, os conselhos. As relações interpessoais, baseadas no parentesco, na amizade, na confiança, no compartilhamento dos mesmos ancestrais, da mesma origem, das mesmas crenças, só poderiam produzir ambientes semelhantes, ainda que os ancestrais, as origens e as crenças fossem diferentes de um lugar para outro.

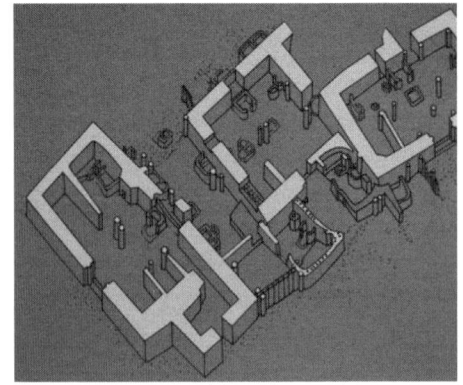

Reconstituição da aldeia de Hacilar, Turquia, 5800 a.C.

A aldeia neolítica, esta primeira "máquina urbana", a um tempo deveria abrigar as capacidades produtivas da comunidade e acomodar seu tecido social, lançando mão das tecnologias locais e das oportunidades criadas pelo terreno, pela presença de um curso d'água, pelas facilidades de vigilância dos rebanhos etc. A aldeia, normalmente feita de barro ou de madeira, amolda-se ao terreno, reproduz as suas ondulações, conserva a sua fisionomia, apenas "suavizando-a" para o uso humano. Os caminhos são os percursos ancestrais das cabras. As famílias organizam-se sobre o terreno, dividindo-o conforme as necessidades de cada qual, e distribuindo sobre ele suas habitações, seus currais, seus "puxados" de toda ordem. A aldeia destaca-se na paisagem natural, ela agora denota o surgimento de uma "segunda natureza" no homem: sua natureza enquanto homem urbano.

Enquanto o paleolítico desenvolveu as armas e utensílios de caça, o neolítico criou recipientes: vasos, jarros, tinas, potes, celeiros etc.

Sem recipientes vedados, não é possível guardar bebidas (azeite, vinho, cerveja), nem defender o alimento de insetos e roedores; sem depósitos, potes e celeiros não se podem conservar os alimentos de uma estação para outra. Outras "invenções" neolíticas foram a vala de irrigação, o canal, o reservatório, o fosso, o aqueduto, o dreno, o esgoto. A domesticação de plantas e animais, do próprio homem e da paisagem natural aconteceu ao mesmo tempo.

O arquiteto e pesquisador Alexander Tzonis chama estes assentamentos de "desenho pré-racional", em oposição ao desenho "racional", que ele define como sendo um "processo de produção" que empreende a transformação do ambiente natural com o propósito de maximizar a disponibilidade de certo bem material. O homem do Neolítico relaciona-se com o meio de um ponto de vista "taxonômico", ou seja, ele organiza os elementos do ambiente natural de uma forma capaz de revelar certas relações existentes entre eles e de responder aos seus impulsos de classificação do ambiente natural.

Entre o povo Dogon, na África oriental, esta relação entre o desenho da aldeia e o ambiente projeta-se inclusive a partir de uma visão cosmogônica da presença humana no mundo, sendo a aldeia a reprodução de um esquema macrocósmico: "mediante a repetição sucessiva da estrutura do modelo cosmológico dispõe-se um modelo firme e organizado que conduz desde o indivíduo até o universo total"[36].

Assim, cada indivíduo numa aldeia identifica-se com este modelo e repete-o, por sua vez, na construção da sua vivenda; a taxonomia cosmológica e urbana define os setores de moradia, a posição dos depósitos, a dos currais, os setores masculino e feminino da habitação; nas aldeias neolíticas inicia-se uma nítida separação das atividades de homens e mulheres, com estas cada vez mais identificando-se à casa, ao alimento, ao fogo central.

---

[36] TZONIS, Alexander. *Hacia um ambiente no opressivo*. Madrid: Herman Blume Ed., 1977.

Este desenho de assentamento, baseado em caminhos e vivendas agrupadas, cada qual com suas edificações e seus pátios, com maior ou menor grau de adensamento, em meio das quais abrem-se vez por outra pequenos largos conforme o relevo ou o cruzamento dos caminhos, irá se manter praticamente inalterado pelos próximos 12 milênios, com pequenas nuances de tempo, lugar e pessoas. É o desenho que nos revelam as escavações de Çatal Uyuk, na Anatólia, de Ur, na Babilônia, de Pengtoushan, na China, e que ainda podemos encontrar nos bairros pobres ou tradicionais de Istambul, do Cairo, de Pequim, e também nas favelas e assentamentos subnormais pelo mundo todo.

A aldeia, diz o historiador Lewis Mumford,

> *no meio dos seus canteiros e campos, formava uma nova espécie de colônia: uma associação permanente de famílias e de vizinhos, de aves e animais, casas, cilos e celeiros. A vida de aldeia acha-se engastada na associação primária entre nascimento e lugar, sangue e solo. Cada um dos seus membros é um ser inteiramente humano a desempenhar todas as funções apropriadas a cada fase da vida. Antes que começasse a existir a cidade, a aldeia já criara o vizinho: aquele que mora perto, dentro de uma distância onde é fácil chamá-lo, compartilhando as crises e as alegrias da vida, velando os que agonizam, chorando solidariamente os mortos, rejubilando-se nas comemorações*[37].

Casa, oratório, poço, via pública, ágora, tudo se formou primeiro na aldeia, e o que vale para a estrutura geral vale também para as instituições. Como afirma Mumford, mesmo aquilo a que chamamos "moralidade" começa nos costumes, nos hábitos conservadores da vida que se encontra na aldeia:

> quando se dissolvem estes laços primários, quando a comunidade íntma visível deixa de ser um grupo vigilante, identificável, profundamente interessado, o 'Nós' passa a ser um enxame ruidoso de 'Eus', e os laços

---

[37] MUMFORD, Lewis. *A cidade na história*.

e fidelidades secundárias tornam-se por demais frouxos para deter a desintegração da comunidade urbana[38].

Os começos da moralidade organizada, do governo, da justiça e do direito começaram com os Conselhos de Anciãos das aldeias. Estes conselhos espontâneos, unificados pelo uso e pela necessidade, expressavam o consenso humano, não tanto por estabelecer regras e tomar decisões, mas por dar alguma aplicação imediata a regras aceitas e decisões tomadas num passado imemorial. Deles nascem os códigos legais, para substituir os códigos naturais perdidos.

Então, por volta de 10000 a.C., os homens começaram a construir centros cerimoniais de enormes proporções, como em Gobekli Tepe e Nevali Core, na Turquia. Estes locais, ao que tudo indica, não estavam de início ligados a áreas de produção, sendo, de modo geral, anteriores ao próprio desenvolvimento extensivo da agricultura, que viria a abrir a possibilidade para o surgimento dos primeiros impérios num futuro não muito distante. Com o desenvolvimento e a difusão das novas ideias religiosas, porém, estes centros cerimoniais transformaram-se nos primeiros embriões de cidades, agregando ao redor uma miríade de atividades ligadas direta ou indiretamente ao culto.

A partir do processo definitivo de sedentarização, que se inicia por volta dessa época, a produção de excedentes, típica da agricultura, se faz acompanhar de uma divisão de trabalho desconhecida até então, já que as atividades agrícolas não ocupam do mesmo modo todos os membros da comunidade. Surgem, assim, pessoas com funções não ligadas à produção de alimentos e outros bens, resultado do desenvolvimento progressivo das divisões especializadas que já existiam em germe nos bandos e depois nas tribos: sacerdotes, guerreiros, artesãos, pessoas ocupadas na distribuição comercial dos bens produzidos, e assim por diante.

---

[38] Idem.

Assim, no final do último degelo dos glaciares, os habitantes das regiões temperadas dominavam todas as técnicas que lhes permitiam produzir seus próprios alimentos, cultivando plantas e criando animais. Surgem, assim, os primeiros agrupamentos, não mais simples aldeias, mas formando pequenos povoados ao redor dos locais de trabalho e cultivo, que, por volta de 5000 a.C., nas planícies aluvionares do Oriente Próximo, começarão lentamente a se transformar em cidades, na medida em que serão produzidos excedentes possibilitando às comunidades manter-se com certa autonomia.

O surgimento das cidades

Durante muito tempo, e por inspiração dos filósofos racionalistas do século XVIII, a palavra *civilização* significou um conjunto de instituições capazes de instaurar a ordem, a paz e a felicidade favorecendo o progresso intelectual e moral da humanidade. Dessa forma, haveria um corte nítido entre pré-civilizados e civilizados, sendo que os primeiros, por terem comportamento muito distinto do nosso enquanto ocidentais e europeus, seriam uma espécie de homens inferiores criando sociedades primitivas e à margem da lei.

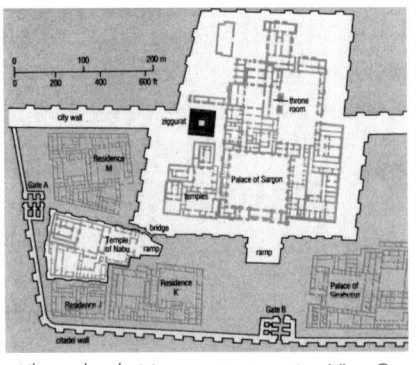

Khorsabad, Mesopotâmia, séc. VI a.C.

Uma civilização, via de regra, implica uma organização política formal com regras estabelecidas para governantes e governados (mesmo que autoritários e injustos); implica projetos amplos que demandem trabalho conjunto e administração centralizada como canais de irrigação, grandes templos, pirâmides, portos etc.); implica a criação de um corpo de sustentação do poder com uma burocracia de funcionários públicos ligados ao poder central, militares etc.; implica a incorporação das crenças por uma religião vinculada ao poder central, direta ou indiretamente (os sacerdotes egípcios, o templo de Jerusalém etc.); implica uma produção artística nacional; implica a criação ou incorporação de um sistema de escrita; implica finalmente, mas não por último, a criação de cidades.

Os primeiros chefes capazes de congregar as famílias de um mesmo território ao redor de seu comando começaram fazendo o papel de protetores da comunidade contra as ameaças que rondavam as aldeias; o arquétipo do chefe, na lenda sumeriana, é Gilgamesh, o caçador heroico, o vigoroso protetor e, significativamente, o construtor da muralha ao redor de Uruk. Na lenda babilônica de Enkidu, lemos: "Tomou uma arma para caçar os leões: os pastores podiam repousar à noite, ele apanhava os lobos; ele capturou os leões: os guardadores do gado podiam descansar. Enkidu é seu vigia, o homem ousado, o herói sem igual". Entretanto, a força que amalgamava os habitantes em torno de um polo era identificada no panteão de deuses e nos templos que se erguiam nos assentamentos, acima das cabeças de todos.

No Oriente Próximo, o primeiro fundador de um império estável foi Sargão de Agade, seguido pelos reis sumérios, por Hamurábi na

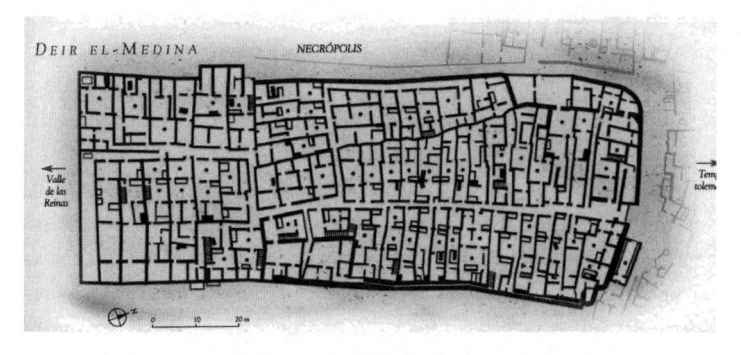

Egito – Deir el-Medina.

Babilônia, pelos reis assírios e persas, mais ou menos no terceiro milênio a.C. Surgem as primeiras cidades-estado, criadas a partir das antigas aldeias, que formaram, assim, seus núcleos originais, frequentemente agregando um território no qual se espalham outras aldeias, menores, onde vivem os que cultivam o campo: Uruk, por exemplo, perto de 3000 a.C., possuía cerca de 140 aldeias ao redor, responsáveis por todos os fornecimentos essenciais. E já nessa época assistimos às primeiras formas de êxodo rural, pois em apenas 300 anos este número reduziu-se à metade, no mesmo território.

Com o fortalecimento das castas guerreiras e a consolidação de uma aristocracia, as estruturas dominantes da cidade, que, como vimos, são de fato anteriores às próprias localidades, deixam de ser o templo em forma de montanha ou pirâmide, os zigurates, e passam a ser os palácios: assim vemos surgirem Khorsabad, perto de Nínive, Pasárgada, Persépolis e outras – capitais imperiais que abrigam milhares de habitantes e cobrem grandes superfícies. A civilização suméria foi, assim, a responsável por estabelecer o protótipo da cidade-estado, que se caracterizou por uma população organizada em torno de divisões do trabalho, por um culto comum, pelas primeiras formas de escrita e matemática, por um código legal e pelo uso de metais preciosos – ouro e prata – como referências de valor. A grande cidade-estado suméria possui muralhas defensivas que demarcam a separação entre cidade e campo, edifícios monumentais – templos, palácios, oficinas –, espaços para assembleias, geralmente junto às entradas da cidade onde se localizam também os mercados, tudo isto ressaltando em meio a um labirinto de ruas, vielas, becos e largos que fervilham de gente.

As casas são construídas ao redor de pátios centrais, herança da moradia rural, que por sua vez deriva da configuração dos acampamentos ou das comunidades que se organizavam em torno de espaços comuns, como vemos ainda hoje entre os *bambuti*, beduínos e *masai* africanos ou os *cheyenne* da América do Norte. A casa urbana na Suméria combina geralmente as funções de moradia e trabalho, principalmente no caso dos artesãos, e não existe distinção geográfica por alguma prerrogativa de riqueza e posses; ao contrário, a convivência entre ricos e pobres, casas pequenas e grandes, é a marca destas cidades, e acha-se ainda presente nas localidades mais tradicionais do Oriente e Oriente Próximo.

Ur, que no seu período de máxima prosperidade entre 2474

Iraque – Najaf, 2007.

e 2398 a.C. sob o rei Ur-Nammu, contava perto de 34 mil habitantes e cobria uma área de 89 ha, incluía uma grande quantidade de edifícios monumentais, mas suas zonas residenciais permaneceram do mesmo jeito como sempre foram; e as cidades que a suplantaram, Nínive, Assur e outras, seguiram o modelo.

No Egito, os monumentos não formam o centro do local, mas estão organizados obedecendo a uma lógica própria, como uma cidade em si, divina e eterna, que supera e torna insignificante a morada transitória dos homens; a cidade dos deuses é de pedra, para que permaneça imutável, enquanto a dos homens é feita de barro, inclusive os palácios, para lembrar a precariedade da condição humana; em meio ao emaranhado inextricável das ruelas e do casario, as moradias dos deuses, representados sempre por estátuas gigantescas e desproporcionais, consistiam ao contrário em formas geométricas simples – prismas, pirâmides, obeliscos – que ressaltavam ao sol, em total contraste em meio às habitações humanas.

Gregos e romanos

E então chegamos a localidades concebidas de modo muito análogo àquilo que nós mesmos imaginamos quando pensamos numa cidade: a *polis* grega e a *urbs* romana. Ao contrário de suas antecessoras no

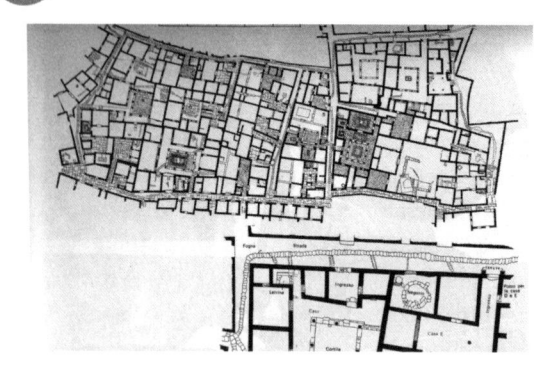

Grécia – Delos.

Egito e no Médio Oriente, a *polis* grega mantém uma separação entre as moradas divinas e as atividades humanas: ela geralmente divide-se em cidade alta (acrópole), onde estão localizados os templos, e a parte baixa, palco das relações sociais e do comércio. A tradição grega segrega assim a administração religiosa e entrega a cidade a um governo civil, não imperial, na qual as ideias de cidadania, tais como nós as entendemos, tiveram seu primeiro berço no Ocidente.

Os elementos que definem a *polis*, enquanto entidade, são basicamente: o *pritaneo*, espaço separado, consagrado ao deus protetor da cidade, local dos sacrifícios e banquetes rituais, onde os hóspedes oficiais são recebidos; o conselho dos nobres, ou *buleuterion*; e a assembleia dos cidadãos, a *ágora*, onde também acontece o mercado. No *pritaneo* fica o fogo sagrado, cujas brasas são trasladadas cada vez que o crescimento do local obriga à fundação de uma nova colônia: de acordo com o pensamento grego, uma cidade deve possuir um número de habitantes grande o bastante para que possa constituir um exército, se necessário, mas suficientemente pequeno para que os cidadãos possam conhecer pessoalmente aqueles que irão eleger para a assembleia. De fato, o município grega raramente ultrapassa os 10 mil habitantes, número que Aristóteles já considerava limite: Atenas, cuja área de influência ao tempo de Péricles abrangia três cidades, chegou aos 40 mil habitantes; Siracusa, Agrigento e Argos atingiram 20 mil habitantes; Esparta, 8 mil.

De acordo com Benevolo, a *polis* grega possui algumas características bastante próprias, dentro do cenário de evolução das cidades: em primeiro lugar, ela é um todo único, sem divisões internas, sem zonas fechadas ou células independentes; as casas são todas do mesmo tipo, variando apenas de tamanho, pobres e ricos convivem lado a lado. Em segundo, a povoação reconhece e articula três categorias de espaços: as áreas privadas, compostas pelas habitações, as áreas públicas, formadas pela ágora, a praça do mercado, o teatro e os ginásios, e os espaços sagrados onde se localizam os templos. Em terceiro lugar, a cidade é vista como um organismo artificial inserido no ambiente natural de forma harmônica; o cenário urbano dialoga com o meio, interferindo o mínimo nas configurações do terreno e respeitando os elementos naturais presentes, tais como afloramentos rochosos, grandes árvores e outros; o cenário urbano é construído como um organismo na medida do homem, porém mesclado com elementos da natureza que não são mensuráveis, mas são intrinsecamente qualitativos.

Finalmente, o organismo da cidade desenvolve-se até atingir um tamanho estável, a partir do qual a comunidade começa a estabelecer colônias fora de seu território.

Estes quatro fatores – unidade, articulação, equilíbrio e limite – tornaram a cidade grega o modelo "ideal" para todo o Ocidente: eles dão à ideia de convivência humana uma fisionomia precisa e duradoura.

•••

Os escritores antigos atribuem aos etruscos a origem das regras para o traçado das cidades, que mais tarde foram adotadas pelos romanos: a consulta à vontade dos deuses antes da fundação (*inauguratio*), o traçado dos perímetros exteriores e dos limites interiores (*limitatio*) e o sacrifício celebrado na cidade fundada (*consecratio*).

Óstia, Itália – **Insulae**.

Em Roma, a cidade identifica-se com o império; o poeta Ovídio diz que "a outros povos foi assinalada uma parte específica da terra; para os romanos, o espaço do local coincide com o espaço do mundo"[39]. Roma é a primeira cidade no Ocidente a alcançar uma população realmente grande: por volta do ano 5 a.C., contava perto de 500 mil habitantes, e no terceiro século d.C. atingiu entre 700 mil e 1 milhão de habitantes. Havia então na cidade 1.790 *domus*, casas das classes altas que chegavam a ter 1.000 m² de área, e 44.300 *insulae*, edifícios com vários pisos e contendo habitações de aluguel (*cenacula*).

Estas *insulae* surgiram no século IV a.C. para permitir abrigar, dentro do recinto das muralhas de Sérvio, uma população que crescia sem parar; à medida que a cidade crescia, as *insulae* foram ganhando mais pavimentos, até que Augusto ordenou o limite de 21 m, correspondente a seis ou sete andares, e Trajano reduziu para 18 m, ou cinco a seis andares.

---

[39] OVÍDIO. *Fasti*, II 683-684.

Primeiros exemplos concretos deste tipo específico de exploração da moradia, as *insulae* normalmente foram construídas, principalmente no final da era republicana, por grandes empreendedores que só visavam ao lucro. As condições de habitabilidade aí eram bastante precárias: não havia água corrente, que chegava apenas ao térreo, onde normalmente residia o proprietário ou ficavam os estabelecimentos comerciais; na falta de banheiros, os dejetos eram colocados num recipiente (*dolium*) ao pé das escadas, ou simplesmente lançados à rua; grande número de incêndios foi provocado pelo uso de fogareiros portáteis nas habitações, dado que não existiam chaminés nem calefação; tampouco havia vidros nas janelas, só cortinas ou folhas de madeira.

O Império Romano espalhou por toda a Europa um modelo de administração de Estado que se traduzia diretamente nas estruturas urbanas: os grandes edifícios públicos, os fóruns, estádios, banhos e circos, os templos, eram arranjados no território da cidade de forma planejada, dividindo-a em quadras que reproduziam o mesmo modelo de centuriação do solo nas áreas rurais.

Porém, estas intervenções pontuais no espaço urbano não chegavam a configurar um novo urbanismo, dado que, fora dos eixos monumentais dos palácios e templos, a vida transcorria nos mesmos becos e vielas, como já vinha fazendo desde a Suméria.

O interlúdio da Idade Média

O historiador Henri Pirenne, em seu livro *As cidades da Idade Média*, pergunta-se se existiram realmente cidades no meio da civilização de base essencialmente agrícola que, na Europa Ocidental, seguiu-se ao fim do Império Romano. Definindo cidade como uma comunidade com personalidade jurídica dotada de direitos e instituições próprias, onde a população vive dedicada a atividades essencialmente não agrárias como o comércio e os ofícios, Pirenne conclui pela negativa.

As cidades-estado gregas e a *urbs* romana criaram uma identificação entre os sistemas municipais e constitucionais da sociedade, de modo que a vida urbana confundia-se com a vida nacional. O direito à cidade, como a própria religião do local, era comum a todo o povo de quem ela era a capital, *caput*, a cabeça. As cidades haviam sido a construção original da tribo, e todos, dentro e fora de suas muralhas, eram cidadãos de uma mesma república. Quando Roma estendeu seu domínio por toda a Europa Mediterrânea, ela o fez basicamente levando às regiões conquistadas o complexo sistema jurídico e administrativo do Império. Este sistema era tão sólido que sobreviveu por algum tempo além das invasões germânicas do século V, mas no século VIII já não se observavam traços da antiga romanização na Europa Ocidental. Com a desorganização política e o declínio do comércio, a única entidade que se manteve intacta foi a Igreja Católica, cuja influência crescia na mesma medida em que recuavam as riquezas.

Nos tempos anteriores à dissolução de Roma, a Igreja já havia estabelecido suas dioceses coincidindo com as circunscrições das cidades romanas. No meio da anarquia das guerras privadas entre senhores feudais que marcou os séculos IX e X, a Igreja lançou a "Paz de Deus", acordo que passou a vigorar em suas dioceses, doravante livres das ambições e da violência das partes beligerantes. Esta medida atraiu grandes contingentes populacionais ao entorno das dioceses.

A maior parte das cidades, que eram residências episcopais, possuía antigas muralhas romanas, muitas das quais foram restauradas, reformadas e ampliadas, passando a abrigar cada vez mais gente. As localidades muradas continham também espaços vazios, pomares e jardins, enquanto os antigos arrabaldes (*suburbia*) desapareciam.

Principalmente nos estados do norte, as estruturas de poder estavam nas mãos dos nobres carolíngeos que moravam acastelados nos campos e administravam percorrendo seus domínios. Somente o bispo achava-se fixado na cidade; também quando Roma deixou de

Breve história das favelas

Assis, Itália.

ser capital, o papa permaneceu ali. Desta forma, a Igreja foi obtendo privilégios de jurisdição e de impostos, além de imunidade contra os nobres, dentro de seus domínios, que nunca deixaram de expandir-se por heranças e doações; sediados em suas dioceses, os bispos possuíam direitos senhoriais sobre homens e terras.

Um regime teocrático municipal estabeleceu-se sobre uma população citadina constituída predominantemente por pessoas do próprio clero e dos mosteiros da redondeza, professores, estudantes, servidores e artistas livres, além do povo que acorria nos dias dos mercados semanais ou das feiras de estação, ou recorriam aos armazéns e celeiros mantidos na diocese. Assim, quem governava de fato era o bispo, apesar do teórico poder dos aristocratas. A administração, porém, não ficava confinada às cidades, como na Grécia e em Roma; como o município era a sede da diocese, o poder do bispo estendia-se a todo o bispado, e, assim, a população urbana não gozava de nenhum privilégio e o regime era o do direito comum; os cavaleiros, os servos e os homens livres que viviam na cidade não se distinguiam dos que habitavam o campo por nenhum reconhecimento de "superioridade".

Florença, Itália.

Assim, as cidades dos primeiros tempos da Idade Média, embora não correspondam à definição fornecida por Henri Pirenne, atendem a pelo menos um quesito urbano: o de constituírem centros administrativos que funcionaram como referência normativa para suas respectivas populações e comunidades circunvizinhas.

Com o desenvolvimento do comércio e a expansão dos negócios, as cidades tornaram-se partes de uma rede mais ampla, com tendências cosmopolitas. Articulando-se com outras realidades, acabaram por desligar-se do poder estritamente local, projetando-se num novo cenário, que teria implicações definitivas sobre o desenho urbano.

Expansão comercial e dissolução urbana

A partir do século XVII, o capitalismo altera a balança do poder na Europa. A expansão das cidades, antes atrelada a processos lentos que passavam pela concessão de terras do rei ou da Igreja e outros mecanismos conservadores, passa a ser ditada por mercadores, financistas e pelos novos senhores de terras, conforme os seus próprios interesses. A partir daí, nenhuma parte das áreas urbanas está isenta de mudanças, pois são os cálculos de rentabilidade e os lucros que determinam a viabilidade das transações e dos empreendimentos, embora nos primeiros anos de transição da economia o capitalismo tenha ainda rejeitado a usura, aceitando o conceito de "preço justo" até então vigente, que não levava em conta a "lei" da oferta e da procura.

É após o século XIV que um grupo de novos empreendedores chega ao poder, tornando-se chefes de Estado e de governos municipais e aplicando seus hábitos de vida e suas disposições particulares à economia total. Estes homens preocupavam-se exclusivamente com aquilo que São Tomás de Aquino chamava de "riqueza artificial", para cuja aquisição a natureza não estabelecera limite algum; esta ausência de limites irá marcar definitivamente a cidade nascida da visão comercial.

Assim, enquanto na praça do mercado medieval, local e concreta, pessoas fisicamente presentes, que aceitavam as mesmas regras e estavam aproximadamente no mesmo nível, negociavam produtos concretos, e onde a segurança, a estabilidade, a equidade e as relações humanas importavam mais do que o lucro, no novo mercado abstrato, pessoas transmutadas em entidades jurídicas dedicam-se a transações monetárias para as quais os produtos servem apenas como "escala", e a finalidade da transação é exclusivamente o lucro e a acumulação de mais capital, a ser entregue a empresas de magnitude cada vez maior.

Por esta razão, o capitalismo estabeleceu-se, em relação à cidade, como eminentemente "anti-histórico", dado que era condição para o sucesso financeiro desprezar o passado, porque este se apresentava como fato consumado, e acolher o novo, pois se constitui num afastamento do velho e, assim, numa nova oportunidade para empreendimentos lucrativos. No interesse de sua expansão, o capitalismo estava, senão ideologicamente, ao menos na prática, preparado para destruir tudo o que se interpusesse à sua marcha, das antigas guildas medievais de ofício até o mais satisfatório equilíbrio social.

Enquanto na Idade Média a ideia de "livre comércio" referia-se à liberdade em relação às restrições feudais, ou seja, liberdade para as atividades corporativas da municipalidade, da guilda, da ordem religiosa, o que o capitalista nascente entendia como "liberdade" era quase exclusivamente a fuga às proteções e regulamentações, aos privilégios corporativos, aos limites municipais, às restrições legais e às obrigações da caridade. Nas cidades comerciais, portanto – e num período que chega até meados do século XIX –, isto significava a liberdade em relação às restrições morais e municipais: autonomia para os investimento e o lucro privados, para a cumulação privada, sem nenhuma referência ao bem-estar da comunidade como um todo.

Ora, se as corporações de ofício eram instituições locais e conservadoras, mantendo e transmitindo as mesmas técnicas tradicionais, algumas secretas, ao capitalismo interessava acima de tudo expandir a produção e ampliar os mercados. Desta forma deu-se livre trânsito às inovações tecnológicas, como a máquina de tecer, e ao avanço no além-mar, onde podiam ser encontradas novas matérias-primas, produtos acabados e... mercados.

Com a consolidação do capitalismo, a vida econômica escapou por inteiro ao controle da municipalidade: a nova doutrina solapou a autossuficiência e a autonomia locais e, com sua ênfase na especulação e não na segurança, introduziu um elemento de permanente instabilidade e mudança nas cidades. Na Idade Média, uma gleba de terra podia ser concedida a alguém por 99 anos – três gerações –, o que favorecia a continuidade da posse e freava o aumento dos preços. Mas, a partir do momento em que o valor do dinheiro dominou os interesses da terra no traçado e na construção de novas áreas da cidade, a terra se tornou um produto e não mais um bem permanente, e fugiu assim ao controle da comunidade. Os princípios da conversão capitalista, divorciados de qualquer senso de responsabilidade social, recriaram as antigas *insulae*, na forma dos primeiros cortiços europeus nascidos já no século XVI, nos quais se estabeleceu uma inversão de critérios em

Desenho de Coketown, a cidade industrial que Charles Dickens ilustrou em *Tempos Difíceis* – 1854.

que, quanto pior a moradia, maior a renda.

Mas a simples transformação de casas antigas em moradias coletivas em pouco tempo não acomodou mais a crescente população das cidades mais ricas, o que levou à aquisição de fazendas vizinhas e à construção de novos bairros, que aceitavam como padrão as precárias condições do encortiçamento. Desta maneira, em Londres, após o grande incêndio de 1666, os especuladores inventaram um novo modo de construir, abrindo lotes nas ruas e construindo pequenas casas, que eram vendidas ou alugadas aos trabalhadores; dentro desta nova lógica, quanto mais densa fosse a ocupação, maior seria a renda, e maior o valor capitalizável da terra. Um círculo vicioso difícil de ser quebrado.

Como afirma Lewis Mumford,

> *no próprio momento em que as cidades estavam se multiplicando em número e aumentando de tamanho, por toda a civilização ocidental, a natureza e a finalidade da cidade tinham sido completamente esquecidas: formas de vida social que os mais inteligentes já não compreendiam, os mais ignorantes estavam preparados para construir; ou antes, os ignorantes estavam completamente despreparados, mas isto não os impedia de construir*[40].

Os principais atributos do novo espírito comercial – a ênfase no regular e no calculável, de um lado, e a aventura especulativa

---

[40] MUMFORD, Lewis. *A cidade na história: suas origens, desenvolvimento e perspectivas.* São Paulo: Martins Fontes, 1982.

e a expansão audaciosa, de outro – encontraram uma expressão particularmente apropriada nos prolongamentos das novas cidades. Exceto nos locais onde antigos direitos feudais ou prerrogativas reais reduziam o ritmo do processo, as municipalidades perdiam a capacidade de opinar sobre os espaços necessários ao seu desenvolvimento mais conveniente: o empreendedor capitalista do século XVII tratava o lote individual, a quadra, a rua e a avenida como unidades abstratas de compra e venda, sem nenhum respeito pelos usos históricos, pelas condições topográficas, pela paisagem ou pelas necessidades sociais.

Assim, se o traçado da cidade não tem mais relação com as necessidades e as atividades humanas, mas apenas com os negócios, o padrão urbano pode ser simplificado *ad nauseam* e reduzido a simples unidades monetárias: o lote individual, retangular, com frente estreita e grande profundidade, cujo valor é medido pela sua extensão lindeira à via.

Nos períodos que se seguiram à Revolução Industrial, a qualidade de vida dos trabalhadores urbanos sofreu uma degradação nunca antes assistida. A saúde pública, as condições de moradia e de higiene chegaram a índices assustadores: as cidades industriais eram pouco mais do que aglomerados sem nenhuma ordem que se estendiam ao redor de fábricas que infectavam o ambiente com seus gases e seus dejetos. As habitações foram reduzidas ao mínimo praticável, e a total ausência de sistemas de água e esgoto foi responsável por ambientes domésticos mortais, em especial

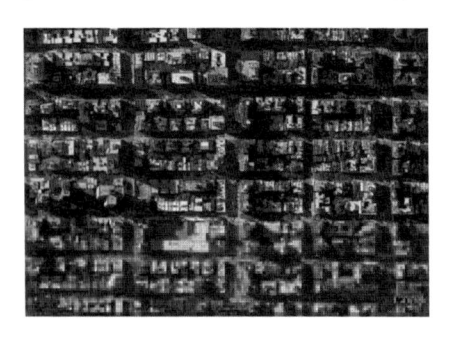

Nova York, EUA.

para crianças e velhos. Nos bairros operários da Nova York do início do século XIX a taxa de mortalidade infantil chegou a 240 para cada mil nascimentos.

Porém, todas estas condições de subnormalidade não caracterizam a cidade industrial como uma favela, porque suas estruturas urbanas, jurídicas e legais estavam institucionalizadas e reguladas pelo poder público. Tratava-se, assim, de uma condição prevista e projetada, intencionalmente voltada para a maximização dos resultados da indústria, em detrimento da vida dos trabalhadores.

Naquele final de século XIX, a cidade do Rio de Janeiro vinha passando por grandes modificações, em especial após a Guerra do Paraguai, terminada em 1870. Ocorre um certo surto manufatureiro, o município faz um importante investimento em transportes com as primeiras linhas de bondes, a rede ferroviária está em expansão. Nessa época, um grande número de escravos, primeiro alforriados, e, após 1888, libertos, com uma massa de imigrantes que chegavam da Europa, formava uma população de trabalhadores e desocupados que lotava os cortiços que se espalhavam pelo centro. Em 1890, na cidade do Rio de Janeiro, havia 1.449 cortiços, que, em situações muitas vezes piores do que os *slums* ingleses, abrigavam cerca de 130 mil pessoas, um quarto da população urbana de 522.651 habitantes.

5
Gênese de uma favela

Quando, ao longo da História, um grupo humano não consegue lugar dentro do modelo socioeconômico dominante – que configura o território urbano de acordo com suas aspirações e suas necessidades – ele é alijado da estrutura da cidade e, não encontrando correspondência entre suas possibilidades existenciais e o instrumental oferecido pelo padrão urbano vigente, trata de criar sua própria "cidade", amoldando-a a sua forma de existir e sobreviver. Porém, esta nova cidade não se apresenta como uma réplica empobrecida da área urbana formal; qualquer que tenha sido a época ou o modelo socioeconômico que provocou sua expulsão da malha oficial, ela irá reproduzir, na sua escala, não a cidade de onde saiu, mas a forma exata dos primeiros assentamentos humanos, remontando ao Neolítico superior, quando os indivíduos e as as famílias que configuravam os clãs começaram a agrupar-se em torno dos primeiros modos de produção sedentários.

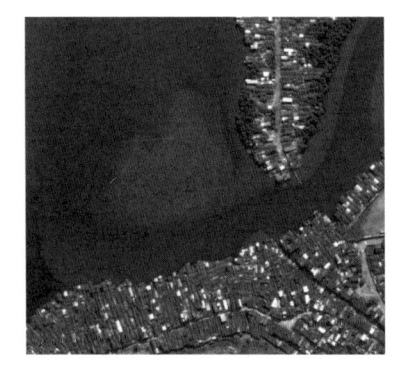

Santos, Brasil – favela do Dique.

Assim, na gênese de qualquer favela existe, em primeiro lugar, a expulsão de segmentos da sociedade da estrutura urbana formal, e busca pela construção de um ambiente em que os indivíduos se fecham para possibilitar sua sobrevivência, pessoal e grupal; e esta sobrevivência está baseada, socialmente falando, não numa estrutura de modos de produção e leis objetivas que regulam as relações entre as pessoas e entre elas e o meio, mas em uma teia de sobrevivência imediata e relações subjetivas que visam mais ou menos ao mesmo resultado.

A grande diferença está em que tanto as leis quanto os modos de produção dentro da sociedade hegemônica obedecem à normatização de relações construídas a partir de uma base relativamente artificial – do lado da produção, a estandardização de procedimentos impessoais, e, do lado da legislação, o conjunto de costumes que se consolida pela codificação de comportamentos, se podemos nos expressar assim – que está acima das individualidades, enquanto o potencial produtivo e as regras numa comunidade paraurbana como as que enfocamos baseiam-se exclusivamente nas possibilidades individuais e coletivas presentes ali: são principalmente a força de trabalho de cada indivíduo, e as relações de parentesco, amizade e confiança que regem a comunidade, uma vez que não existe, por exemplo, a concentração da produção numa entidade anônima, ou mesmo a propriedade, tal como a conhecemos e reconhecemos formalmente, ou ainda hierarquias suficientemente

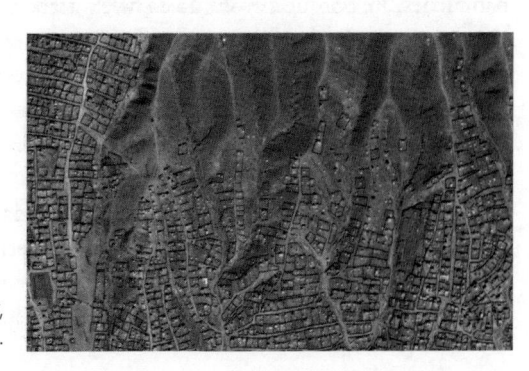

Ulam Bator, Mongólia.

cristalizadas para constituir grupos de privilégios, direitos ou deveres dentro da comunidade.

Genericamente falando, as favelas nascem como sociedades sem castas. Mesmo que, ao longo do seu crescimento, elas acabem por reproduzir os esquemas de hierarquias sociais da sociedade circundante, no momento do seu surgimento as favelas são núcleos rigorosamente igualitários. É preciso lembrar que estamos nos referindo àquelas que nascem da implantação de um núcleo inicial formado por uma ou poucas famílias, às vezes mesmo por um único indivíduo, sendo raras, e de qualquer modo modernas, as comunidades que surgem de um assentamento maciço de pessoas, como no caso bastante atual das invasões organizadas de terras públicas.

Assim, o embrião que se desdobrará na forma específica de urbanização, que é a favela, reproduz não mais do que um acordo tácito de ocupação de um território, selado entre uma pequena coletividade irmanada pelas necessidades comuns de abrigo, proteção, convivência e busca de insumos básicos, como água, comida, calor, trabalho etc. Como nas primeiras moradias permanentes, os barracos possuem também um mínimo de espaço aberto e cercado, quintais onde se encontram por vezes animais de criação, pequenas hortas, oficinas e outras formas de subsistência; apenas com o crescimento do núcleo, estes quintais serão progressivamente divididos e ocupados por novas habitações, até porque a evolução da favela acaba por exigir que a subsistência provenha de cada vez mais longe, exatamente como assistimos acontecer às primeiras cidades em relação às áreas circunvizinhas, tanto agricultáveis quanto para caça, coleta e obtenção de outros insumos importantes à vida, que tende a se tornar cada vez mais artificial.

•••

Às vezes, passando por alguma rua ou avenida de nossas grandes cidades, vemos, à beira das construções, num terreno baldio, numa praça abandonada, numa gleba vazia, uma pequena e tosca construção que se ergue timidamente num canto obscuro. Tão timidamente, que raramente nos damos conta de sua presença, até percebermos que aquele humilde casebre agora são três, quatro, dez. Então, com rapidez crescente, toda a área acaba por se forrar de casinhas pobres, que se espalham sem nenhuma ordem aparente, parecendo amontoar-se caoticamente e reproduzindo-se em crescentes subdivisões do território até locupletar todo o espaço possível de ser erigido, deixando livre apenas o mínimo necessário à circulação e acesso às moradias.

Neste emaranhado incompreensível moram centenas, não raro milhares de famílias, para lá empurradas pelas duras realidades sociais e econômicas que cada século sabe criar. Chegam progressivamente, às vezes em grupos, às vezes isoladamente, grandes, pequenas, de todas as constituições e origens, de todos os credos possíveis, por todas as razões possíveis, e tendo em comum apenas aquilo que as levou ali: a miséria, a exclusão do corpo social e do modo econômico e cultural do seu tempo e do seu lugar.

Em todas as partes do mundo, sob todos os regimes, em todas as épocas, sob todas as religiões, sempre existiram os desajustados sociais, os párias da economia, os excluídos da cultura, os esquecidos da justiça. E, de cada vez, estas pessoas encontraram em si mesmas a força e os meios de subsistir, mesmo à margem, mesmo abandonadas pela sociedade, mesmo não existindo formalmente para um mundo que só se reconhece num único e polido espelho.

Não importa onde nem quando: os que são alijados refugiam-se entre os seus iguais, e recriam, como numa imagem da sociedade hegemônica, suas próprias formas de organização e sustentabilidade, seus governos locais, suas lideranças civis, guerreiras e religiosas, seu comércio, suas leis. E embora estas formas sejam análogas, a localidade que constroem para si difere radicalmente da cidade formal de onde provêm: ela não é uma miniatura empobrecida da malha urbana que lhe deu origem, mas ostenta uma forma totalmente própria, que não fala a mesma linguagem nem apresenta o mesmo padrão de desenho da vizinhança ou do entorno.

Para entendermos esta cidade de exilados, devemos nos lembrar que os núcleos favelados têm uma existência totalmente paralela às leis que regem a sociedade que as cerca, em especial quanto à propriedade da terra e, por decorrência, às regras de ocupação do território e às chamadas normas edilícias. Como as terras ocupadas não pertencem a nenhum dos ocupantes, todos possuem um direito, ao menos virtual, sobre o quinhão que possam ocupar; e, guardados certos limites de concentração – que parecem nunca ter fim – todos os que chegarem, mesmo que tardiamente, encontrarão nem que seja um canto, despencando dos barrancos ou afundando nos córregos, onde poderão erigir, por conta e risco, o abrigo que forem capazes.

Para esta terra esquecida pelo Estado não são levados os benefícios de que goza a cidade formal: coisas que atualmente são consideradas minimamente necessárias ao bem-estar, como água, esgoto, energia elétrica, drenagem e pavimentação – para falarmos do lado meramente físico – e escolas, creches, postos de saúde, sistemas de lazer, recreio e cultura, do lado social. E, claro, lei e ordem.

Ao contrário da cidade, a favela não figura nos livros de história, não possui armas nem bandeira; para sermos claros, não é que a favela não tenha história, pois cada comunidade humana possui a sua, geralmente tão rica e original quanto qualquer outra; mas é que, diante do carro-chefe da grande História, o máximo a que ela tem direito é ser vista como nódoa a extirpar, nem que seja algum dia.

Assim, ignorada pelo Estado, excluída pela sociedade, a comunidade se estrutura internamente, elege seus líderes e representantes, convive com suas forças e contradições, apenas com base na convivência e numa norma muda que irmana a todos num destino comum de pobreza extrema. E, nesta sociedade à margem de tudo, cada morador é rei.

No seio da favela, são todos iguais – mesmo que possamos discutir este conceito em outras profundidades. Isto implica que não existem superestruturas, sejam econômicas, sejam legais, sejam culturais, que possam intermediar artificialmente as relações entre as pessoas e os grupos: tudo se dá de forma direta, e os valores de lealdade, franqueza e solidariedade são a base da confiança recíproca e do frágil equilíbrio entre as vontades. Não existe um coletivo ordenador: tudo se passa entre pessoa e pessoa. No máximo, alguns casos contam com o fórum de um pequeno grupo, que legisla apoiado em valores comuns – e nem sempre em concordância com as leis do Estado vigente.

Como o longo braço deste Estado nunca alcança a favela – exceção feita às incursões da polícia – em termos gerais podemos dizer que ela constitui uma espécie de território livre: ali ninguém paga imposto, e em muitos casos também não se paga água nem luz. Não se obedece à Prefeitura, às normas da Municipalidade, aos códigos de obra, às leis do zoneamento; não se pagam taxas, não se respeitam recuos, nem coeficientes, nem limites.

A pesquisadora Arlete Moysés Rodrigues fornece uma visão clara da mudança que ocorreu, ao longo do tempo, na definição da favela, desde que o engenheiro Backheuser tachou-as de "velhas choças ruinosas": apontando que a única característica que se mantém é a ilegalidade da ocupação, uma vez que, por definição, o favelado nunca é o proprietário da terra, ela mostra que "as definições que se referiam às características do barraco estão paulatinamente mudando, já que barracos de madeira, construídos com sucata, têm sido gradativamente substituídos pelos barracos de *madeirit* ou por blocos".

Segundo Arlete Moysés, observa-se igualmente uma alteração no padrão de ocupação do terreno, com as vielas estreitas sendo aos poucos substituídas por vias que permitem a passagem de automóveis, cuja presença, aliás, é crescente nas favelas. Mas,

> *o que continua como característica essencial é a irregularidade da propriedade das terras. A terra foi ocupada ilegalmente (...) os favelados não são proprietários jurídicos das terras que ocupam. Contestam as formas institucionais que regem o direito ao uso do solo urbano, na medida em*

que, pela necessidade de morar, de sobreviver, ocupam cotidianamente um pedaço de chão.

De fato, apenas a edificação da moradia é "propriedade" do morador; é ela que pode ter sido construída, comprada, cedida ou alugada (mais raramente, invadida). As negociações em relação aos barracos não giram em torno do bem, construção ou lote, mas daquilo que a moradia simboliza, enquanto direito a ocupar um trecho de terra numa comunidade.

A contrapartida amarga é a falta total de condições de higiene e de serviços, mas, considerando-se o balanço entre este incômodo e tudo o mais o que sua superação representa, em termos de possibilidades financeiras, para o favelado, o sacrifício continua sendo a opção mais ao alcance. E assim, lutando com as vicissitudes reais do dia a dia, a favela aos poucos vai se consolidando, formando uma personalidade própria, uma microsociedade pária dentro da sociedade hegemônica.

Esta microsociedade se reflete no ambiente em que ela mesma erigiu, em suas vielas estreitas, seus becos sem saída, seus largos minúsculos, suas construções apertadas umas contra as outras. Este ambiente em nada se parece com a cidade que a cerca, em especial a área urbana moderna pós-industrial, mas em toda a parte e através dos tempos, ele é sempre semelhante, e reproduz, desde a sua gênese até a sua consolidação, as mesmas estruturas arcaicas que deram origem aos primeiros agrupamentos humanos aos quais podemos atribuir a construção de um ambiente.

São esses elementos, ancestralmente presentes nos espaços urbanos pré-industriais, que fazem com que as favelas que vemos nascer a cada dia em nossas cidades dos séculos XX e XXI não se constituam como "subcidades" contemporâneas, mas como verdadeiras reproduções formais e comportamentais dos primeiros assentamentos humanos, que, como vimos, datam do Neolítico superior, há mais de 10.000 anos a.C. O modo de ocupação do território, as relações espaciais – que refletem o relacionamento entre as pessoas – os acordos mútuos de

Varanasi, Índia.

convivência, em tudo reproduzem aquilo que sabemos das primeiras sociedades que se dispuseram ao estilo de vida sedentário.

Para entendermos alguns destes aspectos que aproximam radicalmente as relações dentro da favela daquelas que construíram os espaços das primeiras aldeias, vamos examinar de perto como se dá a vivência destes comportamentos numa favela atual. Em seu excelente estudo *Um bicho de sete cabeças*[41], o historiador Marcos Alvito destaca diversos aspectos de sua vivência no complexo do Acari, conjunto de dez favelas e 180 mil almas no Rio de Janeiro.

Embora esta favela possua uma dimensão que supera a maior parte das cidades antigas, ela ainda se comporta, não como um tecido único, mas como a somatória de uma série de subáreas, como o autor classifica as pequenas vizinhanças que definem a vida social dentro da comunidade como um todo.

A primeira característica que ele vê na favela é o pertencimento, o reconhecimento da comunidade em uma identidade comum, e que se dá em vários níveis: em primeiro lugar, existe a grande comunidade, "o Acari", que é "dentro", e "o Rio", que é "fora": este corpo separado

---

[41] ALVITO, Marcos. *Um bicho de sete cabeças*.

classifica-se ainda em "mais pra dentro" e "mais pra fora", conforme a maior ou menor distância do asfalto.

Este todo, a favela geral que se destaca na paisagem, possui inúmeros sublocais de pertencimento, traduzido nas nominações das vizinhanças. Marcos Alvito testemunha:

> *onde pensávamos existir Acari descobrimos haver quatro localidades: Coroado, Amarelinho, Vila Esperança e Parque Acari. E onde acreditávamos haver uma localidade, o Coroado, por exemplo, vimos que existem vários "pedacinhos": Larguinho, Jaqueira, Couro Grosso, Madureira, Pousada, Olaria, Barreira, Cruzeiro, São Benedito, Rua Sousa, Pereira da Silva, Viaduto... Além de "Acari" ser formada por quatro localidades diferentes, cada uma delas subdivide-se em mais de uma dezena de micro-áreas de vizinhança.*

A origem dos nomes reveste sempre algum traço local, mostrando a importância das centralidades em meio à malha total. Cada uma destas centralidades funciona como uma célula, uma unidade de vizinhança, e representa a dimensão original de nossa "aldeia", que é onde queremos chegar. É o conjunto destas "aldeias" que está somado no espaço total da favela. Em Acari, cada microárea é composta de algumas dezenas de casas e famílias; Marcos Alvito classifica esta vizinhança como "pedaço", e aplica a ele a noção de José Guilherme Magnani, que o descreve como "aquele pedaço intermediário entre o privado (a casa) e público, onde se desenvolve uma sociabilidade básica, mais ampla que a fundada nos laços familiares, porém mais densa, significativa e estável que as relações formais e individualizadas impostas pela sociedade". Estamos em plena construção ancestral do espaço: embora células em meio a um tecido de dimensões muitas vezes maior, cada "aldeia" conserva intactas sua autonomia e identidade.

Conforme Alvito,

> *as micro-áreas servem muitas vezes de suporte para representações acerca das diferenças existentes no interior de uma única favela. No Coroado, a*

Breve história das favelas

Barreira e o Madureira, área de maior concentração de forrós, são vistas como pedaços 'nordestinos'; a Piracambu, no Parque Acari, é vista como a região mais 'rica' de Acari, às vezes chamada ironicamente de Zona Sul da favela, é, também, na opinião de um líder comunitário, onde há a menor presença de negros; há micro-áreas vistas como mais pobres, entre as quais se destaca, sem dúvida, o Mangue Seco – nome irônico para uma área com sérios problemas de inundação – uma das últimas – áreas de Acari (na favela Vila Esperança) onde ainda predominam barracos de madeira improvisados.

Cada vizinhança desenvolve uma identidade tão própria, que a circulação entre elas reduz-se ao mínimo; as pessoas vivem dentro de suas áreas, e o autor revela encontrar sempre os habitantes nos mesmos lugares, "alguns grupos de mulheres, sempre a conversar, sempre na proximidade de suas casas, às vezes sentadas nas soleiras das portas". Quanto aos homens, "cada birosca tem um bom número de frequentadores 'fixos', a imensa maioria deles vizinhos muito próximos".

O sentido destas centralidades amplia-se: "na maior parte do tempo, nada consomem: a 'barraca', como eles chamam, é apenas um ponto de encontro". O pertencimento às "aldeias" reflete-se também nas atividades próprias desenvolvidas em cada uma delas, como grupos de jovens e de crianças, grupos de danças, associações de adultos. Mesmo times de futebol, a favela do Acari possui quatro: Larguinho, Couro Grosso, Barreira e Bolo Doido; o time da favela do Coroado é chamado de "seleção" do Coroado, por congregar jogadores de diferentes subáreas.

A força da vizinhança traduz-se ainda nos namoros e casamentos realizados nos arredores, e na proximidade que os filhos procuram manter do núcleo familiar, mesmo depois que se casam. Ao contrário da sociedade ao redor, em que a independência dos filhos é considerada o caminho natural da vida, na "aldeia" o pertencimento ao núcleo familiar é uma questão de sustentabilidade do grupo.

Dentro das vizinhanças, estabelecem-se as relações de compadrio e de comadrio. Marcos Alvito ressalta que "estes tipos de relacionamento concorrem para a existência de uma coesa e importante rede de solidariedade", na qual a ética fundamental é a reciprocidade, gerando uma cadeia de trocas entre as pessoas e dissolvendo os egoísmos.

Pol Mamunaick, unidade de vizinhança em Ahmadabad, Índia.

Reforçando o caráter ancestral da vida na favela, surgem o papel e o lugar da mulher na aldeia: Alvito nota que a "rede de reciprocidades" que as mulheres constroem é mais restrita dos que a dos homens, baseando-se quase exclusivamente nas relações familiares: "cunhadas, sobrinhas, preferencialmente sob a supervisão da sogra". No máximo, pode incorporar-se uma vizinha muito próxima. A casa funciona como um domínio exclusivo da mulher; o autor fica espantado como, "num espaço tão exíguo e densamente habitado, a 'invisibilidade' das mulheres casadas é impressionante".

Já o domínio do homem é a rua, a *ágora*. Ali, onde se reúnem os "parceiros", cada qual deve ser "considerado", qualidade que sintetiza aquele que "sabe ser amigo, companheiro e igual, que não busca elevar-se acima dos outros, mas tampouco permite qualquer arranhão ou desafio à sua reputação", uma pessoa "de *responsa*, termo que gravita em torno da firmeza, da honestidade e da confiabilidade".

Esta ética humana traduz-se ainda no estrito respeito que se dedica às famílias dos membros da comunidade, e nos laços que as ligam à história comum. Cada "aldeia" é o local de muitas memórias, plenas de acontecimentos:

Breve história das favelas

o crescimento acelerado da favela, a chegada dos novos vizinhos, as modificações cotidianas da paisagem, do cenário em que se movem; a transformação dos antigos 'barraquinhos feitos com tábuas de caixote' na sólida casa de alvenaria (...) os aterros sucessivos (...) o desaparecimento do antigo campinho de futebol, que deu lugar a mais casas; a laje do vizinho, que eles ajudaram a levantar.

Estas histórias, ocultas da História oficial, jamais escritas, carregam não apenas as vidas reais de cada pessoa que ali está; elas reproduzem, para além do tempo e do espaço, os comportamentos mais basais do ser humano em coletividade. Ao contrário da sociedade impessoal e individualista que os últimos dois ou três séculos criaram, a favela transporta *in illo tempore* a essência da comunidade humana, aonde tudo se dá de pessoa a pessoa, e nada é intermediado por um Estado ou um código abstrato que atende a interesses exóticos.

Crescem e envelhecem juntos, compartilham os nascimentos e as mortes, as pequenas alegrias, as tragédias pessoais. Essa história de vida comum expressa-se na frase muito utilizada: fomos criados juntos.

A favela é uma construção comunitária: nela, cada tijolo é uma biografia. Ao contrário da "cidade formal", e exatamente como as mais antigas aldeias da pré-história, a favela é um ambiente que foi inteiramente construído, com as próprias mãos, pelos mesmos homens que a habitam.

Vista geral de Canudos.

O que é favela?

Para desmontar e remontar algumas ideias sobre a pobreza

As favelas são um fenômeno urbano relativamente novo no cenário mundial, embora a pobreza seja quase tão antiga quanto o próprio homem – ou, no mínimo, tão contemporânea quanto as civilizações que o homem construiu, pois todas estas civilizações nasceram com e da especialização de atividades, ou seja, do surgimento de desigualdades entre as condições de vida dentro de uma mesma comunidade.

Nas culturas chamadas de primitivas, pouca ou nenhuma distinção existe entre as pessoas, ao menos no nível material, que, para nós, define os conceitos de pobreza e riqueza, sendo que um jamais existe sem o outro. Por outro lado, nestas culturas, a satisfação das necessidades imediatas de sobrevivência não implica grande dispêndio de energia e meios. Nas civilizações urbanas, e, em especial, no mundo moderno, a satisfação destas necessidades – caracterizadas como acesso a uma certa gama de confortos e condições de higiene e salubridade – exige enormes investimentos por parte do Estado e um grande esforço de cada um^{42}.

A pobreza, assim, é medida "de cima para baixo", a partir da habilidade que o grupo dominante tem de criar e satisfazer suas próprias necessidades, capacidade que se reduz paulatinamente até atingir o grau daqueles que são completamente incapazes de atingir o mais elementar dos patamares que a sociedade estabeleceu como condição civilizada: saúde, educação, infraestrutura etc.

---

[42] *Embora ricamente dotadas, as sociedades capitalistas modernas consagram-se à proposição da escassez. O primeiro princípio dos povos mais ricos do mundo é a ineficiência dos meios econômicos. (...) O sistema de mercado institui a escassez de modo jamais visto. Onde a produção e a distribuição são organizadas por meio do comportamento dos preços, e todos os meios de vida dependem de ganhar e gastar, a insuficiência de meios materiais torna-se o ponto de partida explícito e calculável de toda atividade econômica.* (SAHLINS, Marshal. The Original Affluent Society. Ecologist; Jun., 1974, Vol. 4 Issue 5, p. 181.)

No entanto, se nos colocarmos de fora desta perspectiva, poderemos analisar a riqueza ou a pobreza do ponto de vista de "quais necessidades são realmente necessárias", ou, melhor dizendo, quais necessidades se mostram como um imperativo a ser atendido, e para quem, e em que medida. A partir desta premissa, por exemplo, podemos utilizar o conceito de "afluência", tal como a moderna antropologia vem definindo, ou seja, como a capacidade que uma comunidade demonstra em satisfazer com facilidade as necessidades das pessoas presentes em seu seio.

Neste sentido, podemos chamar as favelas de "sociedades da afluência"? Utilizaremos, para responder a esta questão, um paralelo entre as comunidades faveladas atuais e os bandos de caçadores e coletores do final do Paleolítico, ambos grupos humanos normalmente vistos como vivendo à beira da penúria total.

De acordo com o antropólogo Marshall Sahlins, de cujo trabalho *The Original Affluent Society* retiramos as considerações a seguir, há duas formas possíveis de afluência, ou seja, as necessidades podem ser "facilmente satisfeitas", seja produzindo muito, seja desejando pouco. Segundo este autor, a concepção usual, estabelecida pelo economista Kenneth Galbraith em seu livro *The Affluent Society* (1958), estabelece um conceito voltado à economia de mercado: sem entrar no mérito de definir se as chamadas "necessidades" são naturais ou criadas artificialmente, Galbraith constata que elas são grandes, para não dizer infinitas, enquanto os meios para a sua satisfação são limitados, embora possam ser aperfeiçoados.

Assim, a lacuna entre meios e fins pode ser diminuída pela inventividade humana e pelo aumento da produtividade industrial, de maneira que os produtos e bens indispensáveis se tornem abundantes. É claro que esta é uma pretensão irrealizável, em especial se considerarmos a assertiva inicial de que estas necessidades são, na realidade, infinitas, como já definia São Tomás de Aquino ao ponderar sobre aquilo que ele chamava de "riquezas artificiais"[43], para as quais a natureza não estabelece limite algum.

Mas há também outra concepção da riqueza, aquela que é preconizada com maior ou menor ênfase por todas as formas espirituais que a Humanidade criou, e em especial pelo Budismo Zen: de acordo com esta visão – que reforça a noção estabelecida acima por São Tomás –, as necessidades materiais humanas são, na realidade, não apenas finitas como de fato poucas, e que para atendê-las os meios técnicos são pouco variáveis, mas em geral adequados. Adotando-se esta estratégia, diz Sahlins, "pode-se usufruir de uma abundância material sem paralelo – com baixo padrão de vida".

Deixaremos à margem das considerações a seguir as questões, absolutamente reais, dos dramas vividos e das sequelas produzidas nas populações mais pobres do planeta, pela sua incapacidade de acessar água tratada, destinação de resíduos, sistemas de saúde pública, educação, transportes etc. Estas são condições que têm que ser atendidas e providas pelo Estado, e cujas realidades não estão em discussão. O que nos interessa aqui é propor uma nova compreensão sobre os critérios que definem a pobreza e a riqueza, para permitir um questionamento mais atual sobre o paradigma das "sociedades da afluência" em contraposição à visão corrente estabelecida por Galbraith.

---

[43] *O apetite das riquezas naturais não é infinito, porque, a partir de uma certa medida, as necessidades naturais são satisfeitas. Mas o apetite das riquezas artificiais é infinito, porque está a serviço de uma concupiscência desordenada e que não tem medida, como fica evidente pelo Filósofo. No entanto, são diferentes os desejos infinitos do Sumo Bem e das riquezas. Pois quanto mais perfeitamente se possui o Sumo Bem, mais ele é amado e mais se desprezam os outros bens (...); já com o apetite do dinheiro e dos bens temporais acontece o contrário: quando são obtidos, são desprezados e buscam-se outros (...) Sua insuficiência é mais conhecida quando são possuídos* (São Tomás de Aquino. *Suma Teológica*, I-II, 2, 1 ad 3).

Sociedades de afluência

Em seu artigo, Marshall Sahlins investiga as sociedades primitivas, em especial aquelas formadas por caçadores e coletores, tanto extintas quanto atuais (os melhores exemplos da atualidade são os aborígines australianos, os bosquímanos e outras tribos em estágio pré-agrário), que por muito tempo foram consideradas formas indigentes de mera sobrevivência. Mas podemos transplantar as mesmas considerações feitas pelo autor, para as comunidades faveladas que encontramos hoje espalhadas por todo o planeta.

Somos inclinados a conceber estas pessoas como pobres porque não possuem nada; entretanto, exatamente por esta razão, podemos também pensar nelas como livres, pois "suas posses materiais, extremamente limitadas, livram-nos de toda preocupação com necessidades diárias e permitem que usufruam a vida"[44]. Pode-se dizer, assim, que os povos caçadores e coletores – e também muitos favelados – trabalham menos do que nós; talvez por isso tenham permanecido por tanto tempo neste estágio, talvez por isso estejam há tanto tempo vivendo em favelas. Porém, mais do que trabalho contínuo, a procura por alimentos e outros meios de subsistência é intermitente, o descanso abundante; e existe maior quantidade de sono no tempo diário *per capita*/anual do que qualquer outra condição social.

A este respeito, não podemos deixar de pensar no texto de abertura do já mencionado primeiro censo das favelas cariocas, realizado em 1949 por iniciativa da prefeitura do então Distrito Federal, que, embora escrito numa linguagem extremamente preconceituosa, tanto de raça quanto de condição, aponta com precisão esta característica. Considerando que "pretos e pardos" eram a maioria da população nas favelas, o texto apresentava-os como "hereditariamente atrasados, desprovidos de ambição e mal ajustados às exigências sociais modernas",

---

[44] GUSINDE, Martin. 1961. *The Yamana*. New Haven, Conn.: Human Relations Area Files. (German edition 1931) – citado pelo autor.

e prosseguia, afirmando que não souberam ou não puderam (este último verbo parece mais justo) "aproveitar a liberdade adquirida e a melhoria econômica que lhes proporcionou o novo ambiente, para conquistarem bens de consumo capazes de lhes garantirem nível decente de vida". Ignorando a questão das obrigações mínimas do Estado em prover patamar razoável de condições de vida a estas populações, acusa-as de privar-se "do essencial à manutenção de um nível de vida decente" – exatamente daquilo que seria papel do Estado providenciar – e de investir "somas relativamente elevadas em indumentária exótica, nas gafieiras e nos cordões carnavalescos".[45]

Entre os aborígines australianos estudados por Sahlins, o tempo médio diário por pessoa usado na apropriação e preparo da comida era de cerca de quatro a cinco horas e, além disso, elas não trabalhavam ininterruptamente: "parava-se por um tempo, assim que as pessoas houvessem obtido o suficiente para dado período, o que lhes deixava bastante tempo livre. Além do tempo gasto em relações com os outros, conversas, mexericos, algumas horas do dia eram reservadas para descanso e sono. Se os homens ficavam na aldeia, em geral descansavam cerca de uma a uma hora e meia depois do almoço; também após retornarem da pesca e da caça, tiravam uma soneca, logo depois de chegar ou enquanto a caça estava sendo cozida. As mulheres, quando coletando alimentos na floresta, pareciam descansar mais do que os homens. Se ficavam na aldeia todo o dia, também dormiam em horas variadas, às vezes bastante tempo".[46]

Baseados nos índices usualmente aplicados às populações ocidentais, as cifras levantadas entre os bosquímanos indicam que um homem, em suas atividades diárias de caça e coleta de alimento,

---

[45] Citado em: ZALUAR, Alba e ALVITO, Marcos. *Um século de favela*. Rio de Janeiro: FGV, 2006.
[46] SAHLINS, Marshal, *op. cit.*

Breve história das favelas

Bosquímano do deserto de Kalahary colhendo amoras.
(*Foto: Laura Marshall*)

sustentaria de quatro a cinco pessoas. Mas o antropólogo canadense Richard Lee constatou, numa população de bosquímanos pesquisada, que apenas 2/3 das pessoas eram de fato produtoras ativas de alimentos; o restante era muito jovem ou muito idoso para que pudessem contribuir significativamente.

Assim, a relação de produtores de comida para com a população geral era de 2:3; além disto, as pessoas que trabalhavam, faziam-no apenas em cerca de 1/3 do seu tempo, e o restante 1/3 simplesmente não fazia nada.

Desta forma, a quantidade de trabalho realizada numa semana não ultrapassava 15 horas, resultando numa jornada diária de pouco mais de duas horas – considerando-se a semana cheia, de sete dias. Assim como os aborígines australianos, os bosquímanos passam o tempo em que não trabalham descansando ou em momentos de lazer. Ainda que a coleta de alimentos seja a atividade produtiva principal, Lee escreve que "a maior parte do tempo das pessoas (quatro ou cinco dias da semana) é gasta em outras ocupação como o descanso na aldeia ou a visita a outras aldeias" – ou poderíamos dizer "nas gafieiras e cordões carnavalescos"?

Sahlins observa ainda que, em apenas um dia, "uma mulher coleta comida suficiente para alimentar a família durante três dias, e o resto do tempo gasta descansando na aldeia, fazendo enfeites, visitando outros locais ou entretendo visitantes de outras aldeias. Para cada dia passado em casa, os trabalhos de rotina, como cozinhar, apanhar nozes, buscar lenha e água ocupam de uma a três horas do seu tempo. Este ritmo de trabalho e descanso constantes é mantido ao longo do ano. Os caçadores tendem a trabalhar mais frequentemente do que as mulheres, mas seu esquema de trabalho é irregular". [47]

A questão da indolência

No já citado texto de abertura do censo de favelas cariocas, outra frase é digna de atenção, por revelar mais um aspecto do paradigma civilizatório que permeia nossas ideias de sociedade: sempre abordando o negro como protótipo das populações faveladas, o texto afirma que "renasceu-lhe a preguiça atávica, retornou a estagnação que estiola (…) como ele todos os indivíduos de necessidades primitivas, sem amor-próprio e sem respeito à própria dignidade…". [48]

Esta observação coincide com a crítica, frequente e exasperada de certa "falta de visão", que iremos encontrar ainda a respeito dos povos caçadores e coletores: como se, continuamente voltados para o presente, sem nenhum pensamento ou preocupação com o amanhã, estes povos parecem nunca pensar em poupar comida, precaver-se, incapazes de fornecer uma resposta planejada para o "triste destino que certamente os espera". Ao contrário, como nota Sahlins, adotam uma indiferença premeditada, que se expressa em duas tendências complementares.

A primeira é a prodigalidade: a propensão a consumir de uma só vez toda a comida existente na aldeia, mesmo durante os tempos objetivamente difíceis. Sahlins cita o pesquisador Pe. Paul Le Jeune sobre os índios montagnais (norte-americanos) com quem este viveu no final do século XIX:

> *Era como se a caça que tivessem que matar estivesse encarcerada em um estábulo. Na fome que passamos, se o meu anfitrião consegue dois, três, quatro castores, imediatamente, seja dia ou noite, realizam uma festa para todos os vizinhos. E se aquele povo capturou alguma coisa, também faz uma festa ao mesmo tempo,*

---

[47] Idem.
[48] ZALUAR, Alba e ALVITO, Marcos, *op. cit.*

e tanto que, saindo de uma festa, você vai a outra e às vezes a uma terceira e uma quarta. Disse-lhes que não eram bons administradores, e que seria melhor reservar estas festas para dias futuros; e que se assim o fizessem, não seriam tão ameaçados pela fome. Riram de mim. "Amanhã, disseram eles, faremos outra festa com o que capturarmos". Certamente, mas muitas vezes capturam somente fome e frio[49].

A segunda tendência complementar e secundária anotada por Sahlins consiste simplesmente na dificuldade em guardar os excedentes de comida, em desenvolver processos eficazes para a estocagem de alimentos. Mas esta dificuldade não é válida para muitos caçadores e coletores, que conhecem técnicas de salgar ou defumar alimentos, e, mesmo assim, frequentemente não recorrem a elas para prevenir-se do "triste destino". Martin Gusinde respondeu a esta questão, ao encontrar a resposta entre os índios *yaghan* da Terra do Fogo: a armazenagem seria "supérflua", havendo entre os indígenas uma absoluta confiança no provimento do amanhã.

E o Pe. Le Jeune o atesta:

Vi-os sofrer com alegria em sua miséria e seus trabalhos... Vi-me junto com eles ameaçado por grande sofrimento e disseram-me: "Algumas vezes ficaremos dois ou três dias sem comer, devido à falta de comida; coragem Chihiné, deixe sua alma ser forte para aturar tristeza e sofrimento; evite ficar triste, ou ficará doente; veja como não paramos de sorrir, embora tenhamos pouco que comer[50].

Este misto de resignação e otimismo, tão característico dos desassistidos, faz-nos lembrar do histórico samba de Zé Keti:

Podem me prender, podem me bater
Podem até deixar-me sem comer
Que eu não mudo de opinião.

---

[49] SAHLINS, Marshal, *op. cit.*
[50] SAHLINS, Marshal, *op. cit.*

Daqui do morro eu não saio, não!
Se não tem água, eu furo um poço.
Se não tem carne, eu compro um osso
E ponho na sopa e deixo andar, deixo andar.
Fale de mim quem quiser falar
Aqui eu não pago aluguel
Se eu morrer amanhã, seu doutor
Estou pertinho do céu[51].

Um paralelo com o nosso paradigma

E o nosso mundo, como fica? Diz-se que a metade da Humanidade vai dormir com fome todas as noites, fração que deveria ser muito menor há 15 ou 20 mil anos. Nossa era, diz Sahlins, é, sem precedentes, de fome:

> *hoje, numa época de imenso poder tecnológico, a inanição é uma instituição. Invertemos a fórmula: a quantidade de fome cresce relativa e absolutamente de acordo com a evolução da cultura. Esse paradoxo é a questão principal. Os caçadores e coletores, por força das circunstâncias, têm um padrão de vida objetivamente baixo. Mas, vistos de dentro de seus objetivos e dados os seus meios de produção, todas as necessidades materiais das pessoas podem ser facilmente satisfeitas.*

Diante destas considerações, podemos repensar uma visão que Olavo Bilac expressou, naquele início de século XX, ao comentar seu encontro com uma lavadeira do morro da Conceição que lhe dissera não descer à cidade há mais de trinta anos:

> *fizemos cá embaixo a Abolição e a República, criamos e destruímos governos (...) mergulhamos de cabeça para baixo no sorvedouro do "Encilhamento", andamos beirando o despenhadeiro na bancarrota, rasgamos em avenidas o velho seio urbano, trabalhamos, penamos, gozamos, deliramos, sofremos – vivemos. E, tão perto materialmente de nós, no seu morro, essa criatura está lá 33 anos tão*

---

[51] Zé Keti. *Opinião* – samba de 1964.

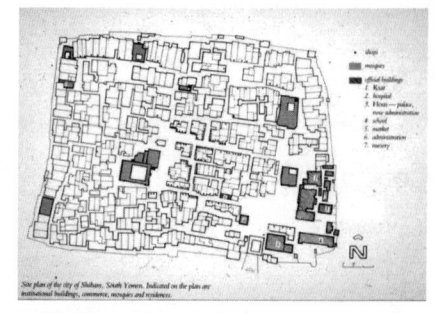

Planta e viela de Shiban, no Yemen.

moralmente afastada de nós, tão separada de fato da nossa vida, como se, recuada no espaço e no tempo, estivesse vivendo no século atrasado, e no fundo da China (...) essas criaturas apagadas e tristes, apáticas e inexpressivas, que vivem fora da vida, se não têm a glória de ter praticado algum bem, podendo ao menos ter o consolo de não ter praticado mal algum, consciente ou inconscientemente[52]...

E esta visão, absurdamente classista, que parece pressupor que só há vida inteligente na "cidade formal", reflete exatamente aquilo que queremos colocar em discussão: "Mas, como é possível ser-se persa?" – como afirmam Tatiana Cristina Ferreira e Haroldo Bruno, "vai já para trezentos anos que o Barão de Montesquieu escreveu as suas famosas *Lettres Persanes*[53], e até agora ainda não conseguimos encontrar a maneira de elaborar uma resposta inteligente à mais essencial das questões que se contém no roteiro histórico das relações entre os seres humanos"[54].

---

[52] ZALUAR, Alba e ALVITO, Marcos, *op. cit.*
[53] Cf. *Cartas persas*. Trad.: Roberto Janine Ribeiro. São Paulo: Nova Alexandria, 2005.
[54] FERREIRA, Tatiana e BRUNO, Haroldo. *Chiapas e Retórica*. Anais do II Congresso Nacional de Linguística e Filologia – UFRJ, 1998.

Conclusão?

Diante do crescimento irrefreável das favelas, devemos nos perguntar: a que processo histórico elas respondem? Paradas no tempo, parecem guardar em si a memória permanente da luta da primeira comunidade sustentável, doze milênios atrás, quando pela primeira vez algumas famílias agruparam-se às margens de um córrego para ali fazer suas vidas.

O favelado é, até hoje, em grande parte um caçador-coletor, mesmo quando a savana em que se mora é uma cidade; ele pode viver da caça, se for um ladrão, ou outro tipo de caçador urbano; ou sustentar-se da coleta, se esmolar ou catar lixo.

A favela é também a primeira aldeia; com suas hortas, seus celeiros, suas oficinas, seus currais, seus altares. As mesmas formas, as mesmas estruturas das aldeias de pastores e agricultores, estão ali presentes. Os deuses velam por tudo, seus líderes os defenderão.

A favela é a primeira cidade, com vielas, becos e largos fervilhando de pessoas, de conversas, de comércio, de rodas de amigos, de caravanas que passam e cães que ladram.

A favela é, em suma, um verdadeiro testemunho da primitiva forma de organização da sociedade humana, anterior ao estabelecimento dos sistemas de poder central – os impérios – e infinitamente anterior aos próprios sistemas econômicos que as transformaram, de um modelo aprazível de vida e de vila, em antros de miséria e doenças.

Entender a sua real constituição significa reencontrar alguns dos mais caros princípios da hominidade, ainda que encobertos por camadas sucessivas de pobreza, ignorância e precariedade. Princípios que, provavelmente, perdurarão ainda, quando nosso próprio modelo de sociedade passar, como passaram tantos outros antes dele, e as favelas ainda permanecerem, indestrutíveis, com as pessoas dentro delas lutando ferozmente pela sobrevivência da espécie humana, como todos nós.

Outras leituras, outras visões

CUNHA, Euclides da. *Os Sertões: campanha de Canudos*. São Paulo: Imprensa Oficial do Estado, Arquivo do Estado, 2001.

DAVIS, Mike – *Planeta Favela*. São Paulo: Boitempo, 2006.

FERREIRA, Tatiana, BRUNO, Haroldo *Chiapas e Retórica*. Rio de Janeiro: UFRJ – Anais do II Congresso Nacional de Linguística e Filologia, 1998.

GONÇALVES, Rafael Soares. *A construção jurídica das favelas do Rio de Janeiro:* das origens ao Código de obras de 1937. In: OS URBANITAS - Revista de Antropologia Urbana, Ano 4, vol. 4, n. 5 – Disponível via WWW no URL http://www.osurbanitas.org/osurbanitasX/ homedoarquivo. html. Internet, 2007. Capturado em 16/07/08.

KLEIN Richard, EDGAR, Blake. *O despertar da cultura*. Rio de Janeiro: Zahar Editores, 2004.

MATOS, Rômulo Costa. *A 'Aldeia do Mal': o Morro da Favela e a construção social das favelas durante a Primeira República*. Rio de Janeiro: UFF, 2004.

MUMFORD, Lewis. *A cidade na história: suas origens, desenvolvimento e perspectivas*. São Paulo: Martins Fontes, 1982.

PASTERNAK, Suzana. *Espaço e população nas favelas de São Paulo*. Ouro Preto, MG: Anais do XIII Encontro da Associação Brasileira de Estudos Populacionais, nov. 2002.

PICCINI, Andréa. *Cortiços e Reestruturação do Centro Urbano de São Paulo, Habitação e Instrumentos Urbanísticos*. São Paulo: CPGEC-USP, 1997.

RODRIGUES, Arlete Moyses. *Favela* in *Moradia nas cidades brasileiras*. São Paulo, Contexto, 1988.

SANTOS, Daniela Soares. *O Cortiço*: higienização de casas e formação de almas. Uberlândia, MG: História e Perspectivas , 2006.

SCHOENAUER, Norbert. *Seis mil años de habitat*. Barcelona: Gustavo Gili, 1984.

SILVA, Regina Helena Alves. *A voz da periferia*. Belo Horizonte: Depto. de História da UFMG, 2000.

VALLADARES, Lícia do Prado. *A invenção da favela: do mito de origem à favela.com*. Rio de Janeiro: FGV, 2005.

VAZ, Lilian Fessler. *Modernidade e moradia:* habitação coletiva no Rio de Janeiro nos séculos XIX e XX – Rio de Janeiro: 7 Letras / FAPERJ.

TZONIS, Alexander – *Hacia um ambiente no opressivo* – Madrid, Herman Blume Ed., 1977.

SAHLINS, Marshal. *The Original Affluent Society* . Ecologist; Vol. 4, Jun. 1974,

ZALUAR, Alba, ALVITO, Marcos (orgs.) – *Um século de favela* – Rio de Janeiro, FGV, 2006.

Sobre o autor

Luis Augusto Bicalho Kehl é arquiteto e urbanista, formado em 1979 pela Faculdade de Arquitetura e Urbanismo da Universidade de São Paulo. Desde 1991 trabalha com assentamentos irregulares e informais, as favelas. É autor do livro *Simbolismo e profecia na fundação de São Paulo* (Terceironome, 2005), tendo participado também dos livros *Os nascimentos de São Paulo*, organizado pelo jornalista Eduardo Bueno (Ediouro, 2004), e *A Igreja de São Paulo* (Paulinas, 2005), organizada pelos professores Maria Ângela Vilhena e João Décio Passos. Escreveu também o livro infantil *História de um casarão* (Nova Alexandria, 2007).